OEUVRES

DE

ARSÈNE HOUSSAYE

VIII

TYPOGRAPHIE DE HENRI PLON
IMPRIMEUR DE L'EMPEREUR
Rue Garancière, 8, à Paris.

ARSÈNE HOUSSAYE

LA SYMPHONIE DES VINGT ANS

POËMES ET SONNETS

PARIS
HENRI PLON, IMPRIMEUR-ÉDITEUR
10, RUE GARANCIÈRE

MDCCCLXVII
Tous droits réservés

LES
POÉSIES D'ARSÈNE HOUSSAYE.

Ces poésies des vingt ans ont reçu un accueil sympathique, « sans doute, a dit le poëte, pour cet air de jeunesse qui donne la beauté du diable. » La beauté du diable n'a qu'un jour, et ces poésies ont un rayon de la vie immortelle. Elles ont été dix fois réimprimées avec des variantes, tant le prosateur étudié avait peur du poëte primesautier. La critique pourtant aurait dû lui donner quelque confiance. Hugo et Lamartine ont donné au poëte les grandes lettres de naturalisation. Sainte-Beuve l'a nommé « le poëte des roses et de la jeunesse. » Béranger lui disait : « Cette chanson est-elle de vous ou de moi ? » Combien d'autres jugements qui méritent d'être recueillis, parce qu'ils sont une date et une expression dans l'histoire littéraire ! Théodore de Banville a très-bien dit :

« Selon M. Arsène Houssaye, le livre le plus difficile à faire est le livre de la vie, livre que tout homme fait pourtant, mais à son insu, comme M. Jourdan faisait de la prose. M. Arsène Houssaye s'est toujours bien plus préoccupé d'être un poëte en action qu'un poëte mangé aux vers. Je le reconnais très-supérieur aux prétendus artistes qui se torturent eux-mêmes, comme ils torturent les mots, avec une égale impassibilité, le tout en l'honneur du grandiose connu et convenu. Tout le monde ici a tenté de sculpter de grands vers chaussés du cothurne, vêtus de la pourpre, et, par avance, coiffés du laurier. L'auteur du *Quarante et unième fauteuil de l'Académie*, qui tient à rester lui, a fui cette pompe et cette dorure avec autant d'ardeur que d'autres en ont mis à les trouver. Il est poëte comme une pêche est une pêche ; il donne des vers comme l'espalier donne des fruits. Vous pouvez n'aimer point sa poésie, mais c'est de la poésie. Il est un peu du pays de La Fontaine, et, comme La Fontaine, si sa vigne est champenoise, sa muse est française. S'il avait cherché quelque chose, ç'auraient été les grâces charmantes et la divine simplicité du *Bonhomme ;* mais la nature, qui le traite en enfant prodigue, lui avait donné spontanément ces inestimables trésors, et, l'art y aidant, il a eu la rare fortune de pouvoir rester paresseux. Presque tous les poëtes vivants se vantent d'être paresseux ; la plupart d'entre eux font là un beau mensonge. Ils ne montrent que la plume du colibri : on saisirait chez eux, si l'on ouvrait le tiroir du bureau en bois de rose, tout un attirail d'outils et de limes. Arsène Houssaye n'a pas même de plume ! Il est d'ailleurs impossible de caractériser la poésie de ce *trouveur.* Là c'est un Grec réveillé parmi nous. Lisez plutôt ses poëmes antiques. Comme Sapho qu'il a chantée, il a le cri de la passion, qui commence au banquet des dieux et qui finit dans l'oratoire de sainte Thérèse. Un peu plus loin, c'est un ami de Voltaire qui rime un sonnet sur les genoux de madame de Pompadour. Mais je ne veux pas dire ce qu'il est, car il me prouverait demain qu'il est ce qu'il n'était pas hier. »

Selon M. Paulin Limayrac, qui a souventes fois précisé en traits accentués le caractère de la poésie contemporaine :

« La poésie de M. Arsène Houssaye, qui commence toujours par sourire, se voile et s'attriste malgré lui. M. Sainte-Beuve l'a surnommé *le poëte de la jeunesse et des roses ;* soit, mais de la jeunesse pensive et des roses battues par le vent. « O divine jeunesse ! s'écrie celui qui sera toujours jeune, vous ne vous donnez, comme toutes les femmes, qu'à ceux qui savent monter jusqu'à vous. Il y en a quelques-uns qui s'imaginent vous connaître, parce qu'en allant à d'autres vous répandez les parfums de votre poésie en passant auprès d'eux. Les aveugles ! ils vous dépassent sans vous voir. Ils aiment mieux toucher la main fiévreuse de la fortune, que de dénouer sous les fraîches ramées votre ceinture de roses, ô divine jeunesse ! »

« Et le poëte dénoue, comme il le dit, sous les fraîches ramées la ceinture de la divine jeunesse ; mais il n'en touche pas moins la main fiévreuse de la fortune. M. Arsène Houssaye est l'homme des contrastes. »

Il y a dans l'*Anthologie* cette épitaphe d'un poëte : « Ne dites pas que Myron est mort ; dites qu'il dort, puisque sa poésie rêve parmi nous. » On pourrait appliquer cette épitaphe à la jeunesse de M. Arsène Houssaye.

Dans une belle et savante prose, dont chaque mot est une lumière, M. Philoxène Boyer a peint en Arsène Houssaye le poëte antique[*]. Le jeune commentateur de Shakespeare

---

[*] M. Pierre Malitourne avait fort bien exprimé comment le rimeur des *Poëmes antiques* avait ouvert toute grande sa fenêtre sur l'antiquité :

« Qui nous dirait d'où soufflait le vent qui le poussa vers les purs horizons de la poésie grecque ? Pourquoi, du pied des chênes familiers de la forêt de Lavergny, s'est-il envolé un jour vers les oliviers de l'Ilissus ? Avait-il rencontré par hasard les feuilles éparses de quelque chanteur d'Ionie ? Comment un vague bruit de l'antique cithare lui avait-il appris tout à coup, les airs aimés de Bion et de Moschus ? Certes, ce n'est guère dans les livres poudreux qui en gardent quelque chose, qu'il en a saisi le ton et le sens intime. La muse d'Arsène Houssaye laisse volontiers à d'autres ces arides labeurs. Mais elle ira longtemps rêver autour de ces divins marbres qui révèlent tant de secrets à ceux qui les aiment d'un religieux amour. Pour lui, l'Achille d'Alcamène sera le seul commentaire de l'Iliade. Les Faunes dansants lui expliqueront Théocrite. L'esthétique, avec ses savantes discussions, aura toujours pour lui moins de prix que le moindre bas-relief du Pentélique. Il ne demandera rien aux archéologues et aux scoliastes ; mais respirant autour des chefs-d'œuvre de l'art grec toutes les poésies qui en émanent, il écrira de ces rarissimes petites pièces de saveur antique qui souvent rappellent, mieux que de plus érudites tentatives, ces délicates épigrammes de l'*Anthologie*, ces légères et subtiles inspirations

et de Gœthe était encore en province, quand dans un journal de Grenoble il adressait à M. Arsène Houssaye cette critique comme un premier mot de fraternité poétique :

« J'ai aujourd'hui vingt ans, et voilà pourquoi je veux parler des vers de M. Arsène Houssaye. Noter en quelques traits reconnaissables toutes les grâces savantes de sa poésie, raconter les harmonieux caprices de cette muse qui aime et de cette muse qui chante, ce sera avoir fêté comme il faut mon anniversaire ; ce sera m'être montré digne, au moins par un point, de porter sur ma chevelure cette fraîche couronne des vingt années, de boire cette enivrante ambroisie qui ruisselle à flots d'or dans la coupe de la déesse Hébé !

» M. Arsène Houssaye, qui rassemble aujourd'hui sous un luxueux pavillon des poésies publiées à trois époques différentes, n'est pas un nouveau venu dans la littérature. Ses débuts, quoique un peu postérieurs à la croisade romantique de 1829, s'y rattachent et la complètent. Il n'est pas monté au premier départ sur le navire qui emportait ces nouveaux Argonautes à la conquête d'une autre Toison d'or ; mais, sur sa felouque solitaire, il est parti plus tard, cherchant le même but par une autre route ; et comme en somme Dieu aime et protége les généreuses entreprises, M. Arsène Houssaye a conquis, durant les hasards de sa traversée, un trésor qui a échappé aux sublimes découvreurs, un peu trop entêtés de leur grandeur : c'est le naturel et le charme que je veux dire.

» M. de Vigny avait innové une poésie discrète, douloureuse par endroits, élégante toujours ; mais sa muse, trop obstiné-

---

de la Grèce alexandrine. « On y voudrait, a dit la critique, la signa-
» ture d'un Moschus ou d'un Méléagre. » Laissons-y celle de l'auteur
de la *Poésie dans les bois*, puisqu'elle est le nom d'un poëte qui a
sa grâce originale et son charme personnel. La sereine beauté de la
poésie antique l'a séduit un moment et a donné un accent inattendu à
sa fantaisie ; qui sait où l'appellera demain cette fantaisie, qui va si
vite de la patrie des Muses au pays des Fées ? »

ment enfermée, trop craintive et trop soupçonneuse, manquait d'air et du large souffle. Des gouttes d'encens distillées dans un alambic de cristal, voilà *Moïse* et voilà *Dolorida*. M. de Musset, nature imitatrice sous son apparente originalité, avait rimé des romances d'après Chérubin, fait des poëmes d'après Byron, composé des nouvelles d'après l'abbé Prévost, arrangé des comédies d'après Shakespeare, le tout revêtu d'une forme incomparable par la pureté et par la hardiesse; mais on sentait, à mon gré, dès *Don Paëz* et dès *Fantasio*, que cet esprit n'aurait pas besoin d'une longue course pour arriver à commettre *Louison* et les *Quatre marches de marbre rose*. Les ïambes de Barbier étaient nés d'une révolution, éclatants, inspirés, tout d'une pièce comme la colère d'un grand peuple. Son *Pianto* pouvait, à tout prendre, compter pour une évocation de l'Italie demi-morte, de la Juliette étendue au tombeau; mais *Lazare* allait bien vite démontrer que le chantre de la Curée et de Bianca rimerait une médiocre prose une fois que la cité serait redevenue calme, une fois que le soleil de Venise lui aurait retiré ses rayons. La *Marie* de M. Brizeux était née dans sa grâce idéale au milieu des genêts et des ajoncs de l'Armorique; mais le poëte pouvait-il s'éterniser dans cette voie d'exception? Voilà pour ceux qui avaient déjà accompli leur destin poétique au moment où Arsène Houssaye s'essayait à ses premiers airs. Quant aux autres qui, depuis, ont continué, suffisaient-ils à tous les instincts des âmes tendres qui se plaisent encore aux vers? Ne demeurait-il pas plus d'un désir inapaisé après les *Consolations* de Sainte-Beuve, comme après la *Comédie de la mort* de Gautier? La poésie se trouvait-elle assujettie au jansénisme de Joseph Delorme converti ou aux sévérités plastiques d'Albertus, et la lyre ne méritait-elle pas de vibrer aux mains d'un homme qui fût tout simplement un homme, et qui fît des vers, non pas pour l'accomplissement d'un vœu religieux ou par une aspiration vers la sérénité de la statuaire, mais tout simplement pour initier les rêveurs à ses rêveries, les amoureux à ses amours, les chercheurs de soleil et de roses aux enchantements de sa prairie et de son jardin?

» Ce rôle a tenté l'envie de M. Arsène Houssaye, et si bien l'a-t-il rempli que son petit coin de terre cultivé et odorant à ravir a été souventes fois jalousé par les possesseurs des épaisses forêts, par les fermiers des vastes domaines. Je ne répondrais pas que, maintenant encore, le recueil complet de ces jolis poëmes ne jette pas un ennui jaloux au cœur des deux maîtres souverains de l'art moderne. Lamartine, si haut monté sur son aigle séraphique, se doit décourager en étudiant cette nature où il y a du contour et où pourtant il y a du vague, cette poésie qui ne sent pas la main et le burin d'un ciseleur, et qui pourtant s'offre aux yeux débarrassée de toutes les erreurs et de toutes les négligences dont chez *Jocelyn* on pourrait tenir liste. Hugo, qui a tout le reste, ne connaît pas ces quarts d'heure d'abandon et de fol entretien où l'on s'échappe aux trahisons intimes, et qui, dans une œuvre lyrique, sont les bonnes fortunes du lecteur. Ainsi, je le répète, M. Arsène Houssaye a sa gerbe dégagée de toute l'ivraie des moissons parasites, et cela vaut mieux que l'abondante récolte de tant de beaux esprits très-riches en tiges drues et hautes, mais assez pauvres en grain bon à moudre. Sa villa n'a pour tout rideau qu'un jeune arbre, pendant que les illustres ont bâti des palais, mais seulement c'est en Béotie qu'ils vont maçonner leurs pignons et leurs tourelles : c'est au tournant de l'Hymette que lui a arrangé un retrait pour sa muse.

» L'Hymette ! ce n'est pas au hasard que je prononce ce nom à propos de M. Arsène Houssaye. Plus qu'aucun de notre époque, il a ce qu'Horace appelait, dans sa langue transparente, *spiritum Graiæ tenuem Camœnæ*. Il n'est pas Grec, à mon sens, seulement parce que, dans ses *Fresques et bas-reliefs*, il a refait avec mille rhythmes, avec mille variétés, avec mille adresses, les toiles de Zeuxis et les marbres de Praxitèle ; il y aurait sans doute à admirer déjà ces innombrables ressources du vers, qui sait raconter l'œuvre du peintre et le modèle du sculpteur sans recherche, sans dureté prétentieuse, et aussi sans surcharge d'ornementation byzantine. Je vais plus loin pourtant : M. Arsène Houssaye, à mon sens, se rattache à la tradition antique par un sentiment perpétuel des convenances heureuses et des harmonies ménagées. A première vue, la muse Euterpe vagabonde à travers les prés, et pour elle nous redoutons les faux pas; approchez pourtant, et vous verrez que cette folie a sa mesure, et que cette course qui vous effraye est tout simplement une danse réglée d'après une loi mélodieuse. Qu'il parle des blondes et des brunes aimées; qu'il multiplie les stances pressées et nombreuses pour réfléchir au miroir de ses vers les faneuses, les moissonneurs, le premier givre qui tombe et le premier bouton d'avril qui fleurit, à Paris comme à Bruyère, auprès des *florissantes filles* de Hollande comme auprès de la radieuse bouquetière de Florence, M. Arsène Houssaye garde un heureux tempérament de lyrisme et de familiarité, un parfum primitif et franc qui, tout de suite, nous reportent à cet idéal de goût modéré et de sincérité délicate dont se revêt la poésie grecque. M. Arsène Houssaye, malgré le caractère profondément moderne de sa sensibilité rêveuse, malgré les spirituels détours où s'égare parfois sa causerie tout à fait française, me paraît, en plus d'une rencontre, comme un continuateur de Théocrite avec un grain d'Anacréon. Il y a telle petite pièce de douze vers venue, on le sent, d'un seul jet, *à l'étoile du moment*, comme dit le Wagner de *Faust*, et qui cependant, par son tour symbolique et les traits inattendus dont elle fourmille, donne à songer encore plus à la vingtième lecture qu'à la première. On y voudrait la signature d'un Moschus ou d'un Méléagre. Dans la littérature de ce siècle, j'oserais à peine en rapprocher les lieds les plus exquis de Rückert et de Goethe. M. Arsène Houssaye, dans sa subtilité passionnée et dans son vif agrément, me représente merveilleusement le plus pur des poëtes de l'antique *Anthologie*. Peut-être bien il s'arrête à mi-côte du Parnasse; peut-être, comme ce chasseur du vieux temps partant le matin pour chasser un sanglier, il revient le soir au gîte avec beaucoup de cigales. Mais qu'importe, si les cigales sont les filles de celles qui chantaient pour Bathylle, et si, tout à côté, bourdonne au creux de la ruche le chœur émerveillé des abeilles?

» Ce qui étonne à lire le volume de M. Arsène Houssaye, c'est cette simplicité qui de tout fait son profit; c'est cette horreur du convenu qui, à chaque fois qu'il prend la plume, lui entr'ouvre un nouvel horizon. Ses pièces, que, par une heureuse imagination, il dédie successivement à tous les chefs de cette sainte phalange de l'art dont il est lui-même par tant de qualités supérieures, ses pièces, dis-je, portent, celle-ci le nom d'Homère et celle-là le nom de Watteau; l'une s'abrite sous la recommandation de Platon, et celle-là se vante d'être la petite-nièce de Voltaire. A coup sûr, M. Arsène Houssaye doit rire de nos prétendus romantiques qui, tous, se sont fait une méthode exclusive et y ont obstinément persisté; lui, l'artiste capricieux, qui aime et qui a su chanter à la fois les humbles intérieurs et les larges horizons, les avenues des parcs royaux et les feuillées épaisses de la modeste villa, les paysannes au sein libre et les grandes dames à l'étroit corset; lui qui connaît à la fois le Parthénon et la Folie-Soubise; lui qui a su concilier ces deux extrémités si diverses: l'amour senti du dix-huitième siècle et l'adoration profonde de la nature!

» Le dix-huitième siècle! voilà en effet le terrain où s'est trop longtemps passionnée la fantaisie d'Arsène Houssaye. De cette singulière période il a tout étudié, et ses études, il les a transcrites dans cette galerie de portraits qui restera comme un modèle de science élégante, d'exquise critique et de poésie contenue. D'abord on ne saisit pas la raison de ce retour en arrière, et l'on s'inquiète en se demandant ce que va devenir cette mélodie printanière du *Violon brisé* sous le contact de ces hardis mousquetaires qui s'appellent Crébillon, Gentil-Bernard et La Clos. Eh bien, le poëte déjoue vos soupçons en ceci comme dans tout le reste. Pour lui, se reporter au dix-huitième siècle, cette ère triomphale du maniéré, c'est encore revenir à la nature, parce que c'est rompre violemment avec ce milieu d'originalités copiées et d'excentricités rebattues où nous vivons depuis tantôt cinquante ans. Se reprendre aux marquises, aux présidentes, aux boîtes d'émail de Rachevel et aux malices d'opéra de Sophie Arnould, aux éventails de Vanloo et aux intérieurs de Chardin, c'est guérir sa poésie des alcades du Guadalété, des étudiants de Francfort, des ogres d'Islande et des concertos que la bouilloire exécute avec les tisons du foyer, ce qui n'est pas une médiocre victoire. L'amour et la nature, Cécile et Bruyère, empêcheront bien les ailes de la Muse de s'éterniser à Trianon! Mais, dans ce séjour, elle aura gagné ce don si précieux et si rare, la distinction. Elle devra à la passion éternelle son exaltation et son génie : à cet heureux mélange de la poésie des bois et de la poésie des salons, de Susanne et de madame de Parabère, elle devra les mille nuances de son talent, la ravissante ingénuité de son style. Cette eau-forte qui est à la première page, cette duchesse traînant sa robe à queue et sur sa poudre portant des roses, appuyée sur ce médaillon où, dans le fond, apparaît, en même temps que cette belle fille en léger peignoir,

> La fille de Latone, idéale habitante
> Des halliers où jamais ne passent les hyvers,

c'est la poésie même de M. Arsène Houssaye. Sur le devant, l'amante qui vous sourit dans l'ovale d'un pastel de La Tour, et l'amante qui s'assied doucement, songeuse, en un coin du cabinet d'études ; au fond, la chasseresse, *la vierge éternelle insoumise à Vénus*, répandant un parfum antique sur ces joies fraîches écloses ; et puis, en plus petits tableaux, les souvenirs de dix-huit ans, le toit qui fume, le moulin qui tourne, la tombe où se lit : *Ci-gît Cécile*, et l'orme où, pour la première fois... *attendez-moi sous l'orme*.

» Au reste, j'ai honte de m'appesantir ainsi sur ce livre et d'en déflorer l'impression première; n'aurait-il pas suffi de dire :
« Ce poëte est jeune et il le sera toujours! Ses vers sont le chant
» inspiré de la jeunesse. Or, la jeunesse, aimons-la bien,
» cette belle prometteuse. Bientôt il serait trop tard, et elle
» nous rirait au nez. Sachons comprendre à cette heure, puisque
» nous sommes jeunes, les amours capricieuses, les vins géné-
» reux, les amitiés violentes, les duels fantasques et les chansons
» avinées. Le temps passé, nous voudrions y revenir, mais les
» femmes nous verraient des rides, le vin nous donnerait des
» pleurésies, les amis croiraient qu'en les aimant nous cher-
» chons des commanditaires, ou, qui sait? des garde-malades;

» la poignée de notre épée nous glisserait entre les doigts, et,
» quand il faudrait entonner des rimes galantes, nous aurions
» tout au plus la voix qui suffit pour chevroter des psaumes!
» Ainsi, sachons être jeunes; ne nous prenons pas au piége que
» la vie nous a tendu, en nous faisant si curieux de l'avenir,
» alors que chaque jour de plus c'est une passion et un bonheur
» de moins! Malheur à ceux qui ont mésusé de leur jeunesse et
» qui ont voulu commencer le drame par le cinquième acte : ils
» pleureront des larmes amères sur leurs matinées perdues quand
» tombera sur leurs fronts le crépuscule austère de l'après-dînée!
» Gloire et bonne fortune à ceux qui, comme Arsène Houssaye,
» ont guidé à travers nos songes ces nymphes dansantes de la
» poésie et de l'amour! Merci à eux! car, pour toutes les tris-
» tesses de l'âge mûr, ils nous gardent un remède et un plaisir!
» Merci à eux! car la muse qui égaye à vingt ans devient la muse
» qui console à quarante! Pour ces excellentes natures, le vœu
» du moraliste ancien se réalise, et il y a vraiment deux adoles-
» cences. L'élégiaque peut, comme dans cette admirable chanson
» du *Vitrier*, s'élever à la sympathie des souffrances sociales! Il
» peut se fortifier de plus en plus dans les études savantes de
» l'artiste! Mais, en tout ceci, rien n'altérera la fleur première,
» rien ne gâtera l'inspiration native! Comme les héros qui sont
» dans ses romans, il pourra arriver aux cheveux blancs sans que
» la neige de sa tête mette du froid dans son cœur! De plus en
» plus il s'arrogera pour devise la parole d'Ulysse à Alcinoüs :
» Je ne puis souffrir de venir répéter aujourd'hui ce qui a été
» dit hier; de plus en plus il se renouvellera, parce que c'est là
» le bénéfice de sa jeunesse éternelle. Mais il ne sortira cepen-
» dant pas du cercle où se tient l'espérance, du bois aimé où
» gazouille cet oiseau mystérieux de la poésie qui s'éveille chaque
» soir au crépuscule et qui n'est pas encore endormi quand vient
» l'aube. Quand il prendra place au fauteuil académique, car il
» y viendra, et malgré lui soyez-en sûr, il se peut bien faire
» qu'il entre dans le grave Institut des roses au front et une
» chanson aux lèvres... Et voilà justement pourquoi, aujour-
» d'hui que j'ai vingt ans, j'ai voulu parler en l'honneur de cet

» heureux esprit, écrire à la glorification de cet éminent et bien-
» aimé poëte ! »

Que si on était curieux de savoir quels furent les premiers airs de ce violon rustique bientôt brisé, remplacé plus tard par la flûte de Pan et la cythare des Muses grecques, on pourrait lire cette fable et cette chanson, qui furent ses titres de réception à l'Académie de la bohème :

« Je n'ai, dit le poëte, gardé de ces vers écrits sur le sable qu'une fable et une chanson.

» Un jour, je ne sais comment, je m'avisai, par étude, comme font les rapins devant un Raphaël ou un Metzu, de refaire quelques-unes des fables immortelles. J'ai eu l'esprit de les oublier ; mais j'ignore pourquoi l'une d'elles m'est revenue malgré moi dans l'esprit. Pour prouver ma champenoiserie, je la donne ici, en regard de celle de La Fontaine, puisque tout le monde sait celle-là par cœur :

LA CIGALE ET LA FOURMI.

La cigale avait chanté
    Tout l'été,
Courant les blés et les trèfles,
Picorant deçà delà
En abeille de l'Hybla.
Mais quand mûrirent les nèfles,
Plus une ombre de butin
    Sous le thym !
Elle alla crier famine
Chez la fourmi grise-mine.
« De grâce, encore un festin,
    Ce matin !
Devenez ma Providence :
Foi de cigale, avant l'août
Je paierai sous l'orme au loup. »
La fourmi dans sa prudence

Ne donne jamais la clé
De son grenier d'abondance :
« Que faisiez-vous quand le blé
Tombait en gerbe, ma mie ?
Vous étiez donc endormie ?
— Nuit et jour à tout venant
Je chantais, ne vous déplaise.
— Vous chantiez, j'en suis fort aise,
Eh bien, dansez maintenant ! »

La cigale fut muette,
Mais elle mourut de faim,
    A la fin.
C'est l'histoire du poëte.
Qu'importe s'il a chanté
    Tout l'été !

On trouvera la chanson au livre XII, sous ce titre : *La Rencontre*. Théophile Gautier, la lisant, dit au poëte inconnu : « Tu es de la bohème! » Ce qui valait mieux qu'un fauteuil à l'Académie.

Dans une étude sur les poëtes, M. Adolphe Gaiffe — un poëte que la politique a dévoré — a parlé ainsi :

« M. Arsène Houssaye n'est pas un poëte avec préméditation de volume. Il a dû écrire ses vers aux heures inquiètes de l'inspiration, sans y penser, simplement, sans effort, et tandis que son esprit était occupé à de plus rudes travaux. L'art, en effet, n'a pas de tenant plus dévoué, le roman, de fantaisiste plus original que M. Arsène Houssaye.

» Ceux-là sont les poëtes, écrivait Jean-Paul, qui restent toute leur vie ce que les autres ne sont que peu d'instants : jeune ou ivre, toute existence au début a son instant de lyrisme; seulement, ce n'est une aurore que pour quelques-uns, c'est un crépuscule pour presque tous.

» Pour les uns, les rares, le jour de l'art va s'allumer; pour les autres, la nuit de l'ilotisme va se faire.

» Chez M. Arsène Houssaye plus peut-être que chez aucun des autres poëtes d'après 1830, s'est perpétué ce vaillant sentiment de jeunesse. Les choses près de leur naissance ont pour lui un attrait infini. Il a une peur salutaire et instinctive des déclins. Dans ses rhythmes, les matins ont le pas sur les soirs, les yeux qui s'ouvrent sur les regards qui se ferment, les pampres sur les cyprès, les blés sur les faucilles, les gais rires sur les larmes longues. Si son vers se heurte à une tombe, il s'envole en chantant la nature éternelle.

» On a réuni trois recueils de M. Houssaye: les *Sentiers perdus* (1840), la *Poésie dans les bois* (1845), livre introuvable, non pas, comme le dit l'auteur, parce qu'on l'a imprimé à un très-petit nombre d'exemplaires, mais bien parce que le public s'en est passionné et qu'il l'a dévoré tout d'un coup; la dernière partie, *Poëmes antiques*, est écrite depuis peu (1850).

» Dans les *Sentiers perdus*, le livre des vingt ans, l'amant domine le poëte : « Il allait, tout enivré des joies et des tristesses
» de son cœur, sans savoir que c'était la poésie qui chantait en
» lui. Il allait, heureux de respirer sous l'aubépine amère et
» sous le pampre amoureux. Le beau temps! on ne sait pas où
» l'on va, car le sentier est si touffu! Si on ne voyait le ciel au
» travers des branches neigeuses, on croirait marcher dans le
» paradis, avec ces deux filles du ciel qui vous conduisent par la
» main : la Muse qui aime et la Muse qui chante. Les *Sentiers*
» *perdus*, c'est le *Paradis perdu*. »

» Dans la *Poésie dans les bois*, l'artiste se sent davantage ; l'art domine les derniers chants à travers *Fresques et bas-reliefs*, l'Hymne à l'art éclate en strophes passionnées et souveraines.

» *Panthéisme* est un mot que l'on retrouve souvent dans ces poésies. M. Arsène Houssaye a, en effet, le sentiment parfait d'une nature amoureuse où l'on se couche plus qu'on ne marche, où l'on soupire plus qu'on ne respire, où l'on chante plus qu'on ne parle. Le panthéisme consumant de Rückert, rempli des éblouissements du soleil et des mélodies étranges et puissantes de la poésie indienne, ni celui de Gœthe, âpre, ardent, attractif, heurté, ne sont le panthéisme d'Arsène Houssaye. A travers l'originalité charmante du poëte, le dix-huitième siècle s'y reflète d'une manière exquise. M. Arsène Houssaye ressemble à Watteau, non pas comme Wattier, mais comme Diaz.

» Les *Poëmes antiques* sont tous une renaissance aussi gracieuse que celle du seizième siècle ; ils sont vivants et colorés comme les œuvres de notre temps.

» Une recherche précieuse du style délicat, une préoccupation constamment heureuse de la forme, un sentiment spirituel et souvent nouveau du rhythme, joints aux grandes qualités de sentiment que j'ai dites, font de M. Arsène Houssaye un de ces rares poëtes qu'on aime avec la tête et avec le cœur, qu'on applaudit, critique, — et qu'on relit, amoureux. »

Les étrangers qui le traduisent dans les deux mondes

ont consacré il y a longtemps cette renommée pourtant toute française. Voici, par exemple, un critique allemand, pour n'en citer qu'un, Étienne Eggis, qui revendique presque pour son pays le poëte parisien :

« Alleluia ! voici les vingt ans ! Entendez-vous chanter les buissons et les forêts sous le soleil d'or ? Si vous êtes amoureux, ouvrez ce livre, c'est le paradis retrouvé ; si vous n'aimez pas, si vous n'avez pas aimé, si vous n'aimerez pas, passez votre chemin : Arsène Houssaye l'a dit : « Pour les amoureux, la terre tourne dans le ciel ; pour les autres, elle tourne dans le vide. » L'œuvre de M. Arsène Houssaye est un Décaméron irradié et joyeux où les baisers sont chastes comme l'amour, où la sainte jeunesse, ce sourire de Dieu, passe, la chanson aux lèvres et l'étoile au regard, à travers les palmiers des passions ennoblies et les saules mystérieux des rêveuses aspirations. Tout là dedans est jeune, doux et bon. Les ruisseaux jasent sous les taillis, les fraises rougissent les buissons ; les fauvettes et le rossignol modulent les divins susurres des hymnes printaniers ; les grands chênes épanchent les songeries austères ; les jeunes moissonneurs et les belles moissonneuses cueillent les blés mûris dans les pelouses lointaines ; les chevreuils, accroupis aux marges des clairières désertes, plongent dans l'azur infini la fixité mouillée de leur œil vague ; dans le lointain, les grandes forêts halètent comme une poitrine humaine ; et au-dessus de tout cela le grand ciel bleu, cette Amérique inconnue dont les morts sont les Colombs, se pâme aux baisers du soleil.

» Je ne sais si Arsène Houssaye, continue Étienne Eggis, comme continuerait Frédéric Rückert, je ne sais si Arsène Houssaye a vu l'Allemagne, mais il a dans le cœur une fibre pleine des intimes originalités et des rêveries germaniques. Son *Cantique des cantiques*, ses exquis petits poëmes en prose entre autres, ont les yeux mouillés de la larme des ballades d'outre-Rhin. M. Arsène Houssaye, quoique profondément original, quoique lui, avant tout, tient par un côté rêveur et légendaire à la grande et suave famille des Heine, des Uhland, des Jean-Paul et des

Justinus Kerner. Si M. Arsène Houssaye n'a pas vu l'Allemagne, c'est qu'alors il l'a devinée. »

Je pourrais aussi donner ces vers, qui sont comme le bouquet de toutes ces critiques, — ces vers de ce poëte charmant, Roger de Beauvoir, de qui l'on a dit : — C'est un Alfred de Musset brun.

A MON AMI ARSÈNE HOUSSAYE

SUR SES POÉSIES.

Manibus date lilia plenis....

Si, dans leur temps, les maîtres de l'idylle
Vous avaient lu sous le portique en fleurs,
On aurait vu sourire à vos couleurs
Et Théocrite, et Tibulle, et Virgile.

Si, vers le soir, dans le parc du château,
En promenant ses indolents caprices,
Un peintre heureux eût trouvé vos actrices,
Ce peintre-là se fût nommé Watteau.

Si quelque belle un jour se fût éprise
De vos beaux vers cachés sous son linon,
Mon cher Houssaye, eût-ce été Cydalise?
Moi je parie à coup sûr pour Manon.

Si quelque dame aussi noble que belle,
Pour vos pastels tout ruisselants d'amour,
Vous eût aimé sans faire la cruelle,
N'eût-elle pas eu pour nom Pompadour?

2

A l'aube encore, et quand le paysage
Revêt les tons de Diaz ou de Flers,
Quand vous suivez quelque fille au passage,
N'est-ce donc pas l'Aline de Boufflers?

Vous invoquez la muse Fantaisie,
C'est la huitième : elle a tous les reflets.
Les rimeurs sont des peintres incomplets
Quand ils n'ont pas l'antique poésie.

Elle a tout dit : les bois, les fleurs, les eaux;
Elle a semé sa route de chefs-d'œuvres.
Ah, par ce temps où sifflent les couleuvres,
Ouvrons du moins la volière aux oiseaux!

Je vous ai lu, je veux encor vous lire.
Des vers, hélas! ce n'est plus l'heureux temps :
C'est quelque chose aujourd'hui qu'un sourire,
C'est quelque chose un rayon de printemps.

Et ce vrai sonnet d'un vrai poëte, Emmanuel des Essarts :

J'aime, ô songeur exquis, frère des Théocrites,
A voir la Fantaisie errer parmi les bois,
Et le soir, souriante et rêveuse à la fois,
Mener sous les tilleuls les danses des Charites :

Ou bien, dans le passé recherchant d'autres rites,
Nous rouvrir les vieux parcs, les Tempés d'autrefois,
Où les rubans charmeurs des blondes favorites
A leurs genoux d'Omphale enchaînaient les grands rois :

Puis tout à coup — au pied des cyprès fantastiques —
Méditer, l'œil perdu dans les lointains rustiques,
Où sous leurs voiles noirs passent les souvenirs,

Et laisser la Douleur — sublime cantatrice —
T'arracher ces sanglots, ces larmes, ces soupirs,
Qui font de ta maîtresse une autre Béatrice !

Et puisqu'on a parlé des écoles littéraires et poétiques, on citera encore ces lignes, — conclusion d'un article du *Moniteur,* — sur le caractère de cette poésie des vingt ans :

« Qu'y a-t-il donc de plus vrai au monde que nos impressions ? La vérité de notre vie n'est-elle pas en nous-mêmes ? Ainsi se traduit la réalité dans les yeux et dans l'imagination d'Arsène Houssaye. Elle y prend ce frais coloris, ces lueurs, cette atmosphère poudroyante d'étincelles d'argent, cet aspect d'enchantement et de féerie. Poëte heureux par excellence. Toute l'école de lord Byron et de Chateaubriand a éprouvé le malaise de la vie. Alfred de Musset a voulu narguer les poëtes plaintifs, et son rire a fini par des sanglots. Arsène Houssaye, lui seul, chantera jusqu'à la fin la libre et douce vie. Il est le poëte du plaisir et du doux contentement, le poëte qui vit parmi les dieux et parmi les poëtes, qui dédie une ode à Homère, un sonnet à Anacréon, une chanson à l'Arioste, et un distique à ses frères inconnus de l'*Anthologie ;* il est le poëte du paganisme universel, du paganisme souriant et sans mystère. Tout cela donne à sa muse un attrait particulier. Tout cela lui donne à lui-même un signe parmi les poëtes. Et plusieurs entre les plus illustres n'auront pas eu l'influence qu'il a exercée autour de lui, car il a fait une école de littérateurs et une école de peintres. »

C'est un maître en critique, M. Édouard Thierry, qui a dit cela. C'était l'opinion de Méry et l'opinion de Léon

Gozlan, qui ont constaté la part d'Arsène Houssaye dans le mouvement des idées — en poésie.

Et moi, après ces bouches d'or, qui ne suis qu'une bouche de bronze, après ces poëtes et ces critiques, beaux assembleurs de rayons et de nues, que dirais-je du livre et du poëte? Qu'Arsène Houssaye est le poëte des vingt ans, et que les vingt ans seront toujours les poésies d'Arsène Houssaye.

CHARLES COLIGNY.

PRÉFACE.

Le journalisme, ce tonneau des Danaïdes, où toutes les imaginations de notre temps ont versé leur amphore, finira par dévorer à son horrible festin de chaque nuit les intelligences que Dieu avait destinées à la poésie. Cependant quelques-uns, luttant contre cette soif brutale, ont réservé pour une autre cuvée, tout en faisant la part du monstre, le vin du pampre idéal qui fleurit dans le cœur.

A l'heure où tant de bons esprits ont accepté l'ombre d'une bannière éclatante sous prétexte d'innovation, l'auteur de ce recueil s'est isolé dans ses chers sentiers, sous ses bois ténébreux, avec quelque chasseresse aux pieds nus, ou dans quelque Herculanum idéale habitée encore par Praxitèle et Aspasie. S'il réimprime ses vers, c'est qu'il ne craint pas qu'on reconnaisse un autre sous sa figure. Il n'a cultivé qu'un pauvre héritage ceint de haies vives, où l'ivraie et le bleuet ont étouffé presque l'épi d'or, mais où la vigne aimée du soleil a dévoilé çà et là quelques grappes colorées. Comme Platon, dans ses trois arpents de Colone, il voudrait pouvoir se dire : Ceci est à moi ! Mais qui songerait à lui disputer si peu ? Dans les arts on n'a le droit de faire que ce qu'un autre ne pourrait pas faire. Trop de gens rappellent Piron, qui donnait des coups de chapeau à Voltaire, en assistant à la représentation d'une tragédie de la Harpe.

On demandera peut-être au poëte — s'il y a poëte —

pourquoi il a laissé plus d'un vers mal posé et mal vêtu, comme s'il demandait l'aumône d'une rime. Il a eu ses raisons pour cela; il est assez familier avec la peinture pour avoir la science des sacrifices, des oppositions et des contrastes. Lui aussi, il a tenté quelques voyages dans l'impossible, à cheval sur un rhythme emporté, voulant saisir au vol dans les nues l'idée qui n'avait pas encore couru le monde. Il s'est indigné contre la vétusté des rimes, au point qu'après avoir, dans quelques-uns de ses poëmes antiques, voulu renouveler ces panaches flétris, il a osé être poëte dans le rhythme primitif sans rime, sans vers et sans prose poétique, comme dans la *Chanson du Vitrier*.

Ce recueil renferme l'histoire des trois périodes de la vie : on commence par l'amour; on croit se tromper de chemin et on se réfugie dans l'art; enfin on reconnaît que la nature, cette figure de Dieu, selon la parole de saint Augustin, dit le dernier mot au poëte. Ce recueil est donc divisé en trois poëmes : — l'Amour, — l'Art, — la Nature.

Ceux qui ont bien voulu lire l'auteur en prose auront peut-être le courage de le lire en vers. Il leur dédie cette œuvre faite de temps perdu, c'est-à-dire de temps précieux.

AR—H—YE.

Livre premier.

LES PARADIS PERDUS.

I

POURQUOI J'AI BRISÉ MON VIOLON.

―――――――――

I

Ce que je vais conter n'est pas pour vous, madame,
Qui n'avez pas aimé, — pas même votre amant !
Qui n'avez pas voulu des orages de l'âme,
Qui n'avez pas cueilli les fleurs du firmament,
Et qui n'entendez pas, quand le vent d'hyver brame,
Les fantômes d'amour vous pleurer leur tourment.

II

Non, je ne chante pas pour les frêles poupées
Que n'ont point fait pâlir les sombres passions,
Craignant comme le feu les belles équipées,
Les pleurs de la folie et ses tentations,
Et qui ne savent pas, — trompeuses ou trompées, —
Que l'amour c'est Daniel dans la fosse aux lions.

III

On a Dieu dans le cœur, madame, quand on aime ;
Les pieds sont sur la terre et le front dans les cieux.
Qu'importe qui l'on est, on porte un diadème,
Et qu'importe où l'on soit, on voit briller deux yeux,
Deux yeux qui sont pour nous la lumière suprême,
Quel que soit leur éclat — fiers ou doux, noirs ou bleus.

IV

C'était dans la saison où la jeune nature
Frémit de volupté dans les bois ténébreux,
Et s'en va sur les monts, dénouant sa ceinture,
Dévoiler au soleil ses beaux flancs amoureux ;
C'était dans la saison où toute créature
Boit sa part d'ambroisie à la coupe des dieux.

V

C'était dans le pays de Jean de La Fontaine, —
Car je suis Champenois ; — vous êtes né malin,
Et moi je suis né bête — et n'en ai point de haine.
Aujourd'hui que la France est un pays tout plein
De gens d'esprit, — monsieur, — c'est une bonne aubaine
Que d'être un Champenois sous la robe de lin.

VI

O ma robe de lin ! où donc est-elle allée ?
Que je respire encor son parfum matinal !

Si je la retrouvais au fond de la vallée
D'où je me suis enfui par un soir automnal,
Si je vous retrouvais, ô ma robe étoilée !
Je reverrais le ciel dans mon cœur virginal.

VII

Mais je l'ai déchirée en mon adolescence.
Les doux fils de la Vierge accrochés aux buissons,
C'est le lin tout flottant des robes d'innocence :
Le cœur n'a pas chanté ses premières chansons,
Que de ce vêtement filé pour la naissance
Nous sommes dépouillés, n'importe où nous passons.

VIII

J'avais quitté l'École et je me sentais vivre !
Je rêvais un Parnasse illustré d'un harem,
Quand Cécile... O mon cœur, je vais rouvrir ce livre
Dont le premier feuillet semble peint par Berghem,
Et dont le premier air qui me charme et m'enivre
Se transforme bientôt en sombre *Requiem*.

IX

Je promenais ma fantaisie
Sous un vif rayon de printemps,
J'avais au front mes dix-sept ans
Et dans mon cœur la poésie.

Perdu dans quelque songe aimé,
Écoutant mon cœur en silence,
Je suivais avec nonchalance
Le clair ruisseau tout embaumé.

Quand j'entendis un gai ramage
Qui m'annonçait un doux tableau;
Soudain, dans le miroir de l'eau,
Je vis apparaître une image.

C'était la reine de mon cœur,
Qui, cheveux au vent, jambe nue,
Sur l'autre rive était venue,
Me souriant d'un air moqueur.

« Pourquoi venir par là, coquette?
« Je vais m'embarquer sur ce flot
« Avec l'Amour pour matelot,
« Je suis bien sûr de ta conquête. »

Mais elle, me tendant la main :
« Non! ne viens pas sur cette rive. »
Mais moi, je m'embarque et j'arrive,
Disant : « Tu passeras demain. »

Elle s'enfuit vers la ramée,
Effarouchant dans les sillons
Les cigales et les grillons
Du pan de sa jupe aromée.

La belle n'alla pas bien loin :
Je l'atteignis sous les grands saules
Et lui semai sur les épaules
Des fleurs de trèfle et de sainfoin.

Je la surpris ! O Théocrite,
Vert poëte, rustique amant,
Sur sa lèvre as-tu vu comment
Ma première œuvre fut écrite ?

Les poëtes en action
Ne sont-ce pas les vrais poëtes ?
Quand les passions sont muettes,
Adieu l'Imagination !

X

D'un vieux moulin à vent j'avais la dictature.
Comme un fier nautonier que de fois j'ai bravé
Les orages du cœur et ceux de la nature
Qui dans leurs bras d'air vif m'ont si haut soulevé !
J'aimais le vieux moulin et son architecture
Comme un pays perdu, comme un pays rêvé.

XI

Un moulin ! direz-vous, par quelle fantaisie ?
Sachez donc que j'étais misanthrope à vingt ans.
Les moulins ont souvent logé la poésie :

Rembrandt y médita; Van Dyck, tout un printemps,
Y vécut amoureux d'une blanche Aspasie;
Coucy pour sa beauté s'enfarina longtemps.

XII

J'étais seul, libre et fier dans ma docte retraite.
Je n'avais rien à faire, et mon maître Apollon
Avait tout doucement guidé ma main distraite
Vers l'archet oublié d'un pauvre violon,
Qui se mit à chanter d'une voix indiscrète
Que j'aimais une fille habitant le vallon.

XIII

Elle vint au moulin montrer sa beauté fraîche.
Ah! je la vois encor qui monte l'escalier.
Je cours à sa rencontre, et, pour la battre en brèche,
Cette agreste vertu qui sentait l'espalier,
Je lui baise le cou; mais la voilà qui prêche,
Qui se fâche et s'enfuit vers le prochain hallier.

XIV

Je prends mon violon et chante un air rustique.
Elle tourne la tête et revient doucement:
« Je ne viens pas pour toi ni pour ta poétique;
Ton violon chanteur, c'est mon enchantement. »
Or voici — je n'ai pas oublié le cantique —
Ce que je lui chantais avec ravissement:

LE CANTIQUE DES CANTIQUES.

Si l'image de Dieu sur la terre est visible,
C'est sur le front rêveur des filles de vingt ans,
Qui ne savent encor lire que dans la Bible,
Et n'ont que de l'azur dans leurs yeux éclatants.

La fraise qui rougit et tombe sur la mousse,
La pêche mûrissant sur l'espalier qui rit,
N'ont pas de tons plus vifs ni de senteur plus douce
Que la double colline où mon amour fleurit.

La neige que l'hyver sème dans la vallée,
Est moins blanche et moins rose aux derniers feux du jour
Que ton flanc chaste et doux, quand, tout échevelée,
Un rayon amoureux te baise avec amour.

La grenade qui s'ouvre aux soleils d'Italie
N'est pas si gaie encore à mes yeux enchantés
Que ta lèvre entr'ouverte, ô ma belle folie !
Où je bois à longs flots le vin des voluptés.

J'ai reposé mon front sur ton épaule nue,
Faite du marbre pris à Vénus Astarté;
Et, comme on voit le ciel qui transperce la nue,
J'ai vu ton âme bleue éclairer ta beauté.

Bien mieux que l'aube rose annonçant la lumière,
Tu m'as ouvert le ciel en répandant sur moi
Le blond rayonnement de ta beauté première :
Je ne voyais pas Dieu ; mais je te voyais, Toi !

La biche qui s'enfuit à travers la ramée,
Quand elle entend au bois la chasse et ses grands bruits,
Ne court pas aussi vite, ô pâle bien-aimée!
Que mes désirs courant à ta branche de fruits.

XV

Au bas de l'escalier elle était revenue.
Or je ne chantais plus qu'elle écoutait encor.
Mon Dieu! qu'elle était belle en sa joie ingénue,
Laissant flotter au vent sa chevelure d'or!
Le soleil s'égayait sur son épaule nue.
Au loin dans la forêt retentissait le cor.

XVI

On était en vendange, et la grappe jaunie
Tombait à pleins paniers sur le coteau voisin.
Je crois entendre encor la rustique harmonie,
Et voir quelque bacchante en corset de basin.
Cécile revenait de sa vigne bénie;
Elle avait à son bras un panier de raisin.

XVII

Elle prit une grappe : « Ami, je l'ai coupée
« En pensant à ce jour de joie et de chagrin...
« — Ce jour où j'écrivis ma première épopée
« Sur ton front parfumé de luzerne en regain. »
Et comme au souvenir de la folle équipée
Nous mordîmes tous deux jusques au dernier grain!

XVIII

Jusques au dernier grain! La grappe était si blonde,
Si fraîche notre bouche et si blanches nos dents!
Jusques au dernier grain, en oubliant le monde,
Et ne voyant le ciel que dans nos yeux ardents!
Jusques au dernier grain, ô morsure profonde!
Ce grain était de pourpre — et nous avions vingt ans! —

XIX

Ce dernier grain, madame, était de l'ambroisie;
Car c'était un baiser plus ardent que le feu.
C'était le réalisme en pleine poésie :
Je n'ai jamais si haut voyagé dans le bleu,
Je n'ai jamais si loin conduit ma fantaisie...
Cécile cependant prenait plaisir au jeu.

XX

La grappe était tombée et nous mordions encore.
On entendait le vent chanter dans les buissons;
Les grands bœufs agitaient leur clochette sonore;
La chasse et la vendange alternaient leurs chansons.
Dans l'ivresse mon cœur buvait à pleine amphore,
Et mon âme aspirait vers tous les horizons!

XXI

Que nous étions heureux en ces belles folies!
A ce seul souvenir mon front a rayonné.

Cécile était jolie entre les plus jolies;
Pour moi, je n'étais pas, je pense, un raffiné.
En rêve je cherchais les blondes Ophélies :
Apollon du moulin, je poursuivais Daphné.

XXII

Daphné, le savez-vous? est un symbole triste.
La femme qu'on poursuit de son plus cher désir,
Sur le sein de laquelle — amant — poëte — artiste —
On voudrait moissonner les roses du plaisir,
Celle pour qui l'on meurt et pour qui l'on existe,
Ce n'est plus qu'un rameau quand on la veut saisir.

XXIII

Un rameau de laurier pour l'orgueilleux poëte
Qui met tout son bonheur — le vieil enfant gâté! —
A faire un peu de bruit sur la rive muette,
Qui profane son cœur en sa virginité,
Qui veut au mur d'airain graver sa silhouette :
Vanité! vanité! tout n'est que vanité!

XXIV

C'est un rameau de houx pour l'amoureux sans arme,
Pour les sots ce ne sont que chardons indiscrets,
Pour le rêveur un lys qui renferme une larme,
Pour les adolescents, s'agenouillant auprès,
Une aubépine en fleur qui déchire et qui charme,
Pour le grand nombre enfin quelque sombre cyprès.

XXV

Car la femme souvent n'est qu'une tombe ouverte :
Sur un beau sein plus blanc que la neige des monts,
Vous avez respiré l'odeur de l'herbe verte
Qui fleurit sur les morts, archanges ou démons.
Et que de fois aussi de terre on l'a couverte,
A l'heure de l'amour, celle que nous aimons !

XXVI

Ainsi la mort a pris Cécile, et l'a couchée
En sa verte saison sous les saules pleureurs.
Blonde moisson d'amour que je n'ai pas fauchée,
Où j'allais aviver mes baisers picoreurs :
Treille de pourpre et d'or ! — branche toute penchée
Sous le fruit — tout cela pour les sombres horreurs.

XXVII

J'ai vu l'affreuse mort lui dire : « Je t'exile ;
» Meurs, et ne tente plus les lyres des Saadis. »
Dans les bras de sa sœur j'ai vu mourir Cécile,
Mourir tout simplement, comme je vous le dis.
On lui ferma les yeux à cet enfant docile.
— Ses beaux yeux ! Ce fut tout. — Et puis le paradis !

XXVIII

Cécile, que j'aimais, à l'aube matinale,
A fermé doucement son aile virginale.
De profundis !

Ah! quel tableau! J'ai vu toutes blanches les vierges
Qui dans l'église en deuil pleuraient avec des cierges.
De profundis!

J'ai vu le fossoyeur en son insouciance,
Vrai Faust qui de la vie a creusé la science.
De profundis!

J'ai vu, la tombe ouverte, y ruisseler le sable,
Le sable où j'ai gravé ce mot ineffaçable :
De profundis!

Quand on l'a descendue en la nuit éternelle,
Et que son âme blanche a déployé son aile,
De profundis!

J'ai pris mon violon, plein de funèbres charmes,
Pour lui chanter un psaume inondé de mes larmes.
De profundis!

Ce chant d'amour, c'était la chanson adorée
Qu'elle avait autrefois apprise à la versprée!
De profundis!

La chanson des beaux jours que j'entends dans mon âme,
Que l'épine fleurisse ou que novembre brame!
De profundis!

Ci-gît une églantine à sa tige arrachée,
Qui, dans son lit du soir, le matin s'est couchée.
De profundis!

XXIX

Vois-tu là-bas sur la montagne verte
Le vieux moulin qui tourne si gaiement?
Il m'a bercé dans un rêve charmant :
Cœur qui va battre, âme à peine entr'ouverte !

Près du moulin, dans la ferme au toit bleu,
Vivait Cécile, une beauté mystique,
Pâle et rêveuse, en plein foyer rustique,
Autre Mignon qu'appelait déjà Dieu.

Elle mourut! que de larmes versées!
Elle mourut au soleil du matin,
En respirant la rosée et le thym.
Son âme au ciel emporta nos pensées.

Le lendemain, ses compagnes en deuil
Portaient son corps de neige au cimetière;
Moi, j'étais seul, sans larme et sans prière,
Dans le moulin comme au fond d'un cercueil.

Je te saisis, ô violon triste et tendre,
Et le doux air que Cécile aimait tant,
Je le jouai, le cœur tout palpitant :
Son âme sainte a passé pour l'entendre.

Je le jouai; mais, au dernier accent,
Mon cœur bondit comme un daim qui se blesse;
Je me perdis si loin dans ma tristesse,
Que je brisai mon violon gémissant.

Depuis ce jour, ma sœur la Poésie
A ranimé mon cœur à demi mort ;
Ma lèvre ardente à toute grappe mord
Sans retrouver la première ambroisie.

J'ai délaissé le moulin, mon berceau,
Le doux pays où m'allaita ma mère ;
Je suis allé me perdre en l'onde amère,
Sans retrouver la source du ruisseau.

Perle d'amour, à ce monde ravie,
Au fond des mers je t'ai cherchée en vain ;
Et je n'ai plus de mon bonheur divin
Qu'un souvenir : pervenche de ma vie.

Quand je retourne au moulin délaissé,
Ce n'est que joie et peine renaissantes.
Et quand j'entends ses ailes frémissantes,
Mon pauvre cœur est un violon brisé.

XXX

Ah ! ma chère maîtresse, où donc est-elle allée ?
Est-ce l'aube aux cils blonds qui sourit au matin,
Le nuage d'argent, l'étoile échevelée,
La rose ou le bleuet que je cueille incertain ?
Je vous cherche partout, ô ma belle exilée !
Qui m'appelez toujours dans un hymne lointain.

XXXI

D'autres vont sur la tombe, amoureux du mystère,
Interroger la vie et la mort, — ô douleur ! —

Ils demandent au ciel ce qu'on devient sur terre,
Si l'âme des vingt ans y survit dans sa fleur ;
Moi, quand sur un tombeau j'arrive solitaire,
Je ne sais que pleurer les larmes de mon cœur.

XXXII

Pervenches étoilant les marges du chemin
Où flottait le berceau de mes fraîches années,
Je ne vous trouve plus ! — Dans une blanche main,
Sur un sein virginal, l'amour nous a fanées.

Rivière qui baignais son petit pied charmant,
Rossignol son écho sous la verte ramure,
Vous ne dites plus rien ? — C'est pour un autre amant
Que l'oiseau se lamente et que le flot murmure.

Aubépine fleurie où je cueillais souvent
Un bouquet pour Cécile en l'avril de ma vie,
Qu'as-tu fait de ta fleur ? — Souviens-toi que le vent,
Le vent d'orage, un soir de mai me l'a ravie.

Mais toi, belle Cécile, âme de mes vingt ans,
O ma gerbe de fleurs que je n'ai pas fanée,
Cécile, où donc es-tu ? — Depuis plus d'une année
Sous l'herbe de l'oubli, mon ami, je t'attends.

XXXIII

Rien ne dure ici-bas en l'âme épanouie,
Pas même la douleur : — au bout d'une saison

La vision charmante était évanouie.
L'amour m'avait déjà rouvert son horizon ;
Et, par d'autres beautés l'âme toute éblouie,
Je voyais sans pleurer le toit de sa maison.

XXXIV

Lorsque revint le temps de la feuille qui tombe,
Allant au cimetière en proie au cher tourment,
Je vis que l'herbe amère envahissait sa tombe
Et voilait ce doux nom, — divin enchantement —
— CÉCILE ! — Hélas ! pourquoi ses ailes de colombe
L'ont-elles emportée au ciel sans son amant ?

XXXV

Ce primevère amour qui jamais ne s'efface,
Cette aube lumineuse à mon ciel nuageux,
Ce charme amer d'avril qui dure, quoi qu'on fasse,
Ce rayon poursuivi sous les rameaux neigeux,
Ce songe évanoui ne fut que la préface,
Préface en lettres d'or de mon livre orageux.

LIVRE DEUXIÈME.

VISIONS ANTIQUES
ET
VISIONS MYSTIQUES.

I

INVOCATION

A DIANE CHASSERESSE.

O fille de Latone ! idéale habitante
Des halliers où jamais ne passent les hyvers,
Blanche sœur d'Apollon à la lyre éclatante,
Diane aux flèches d'or, inspire-moi des vers.

Je les veux suivre encor, tes Nymphes égarées,
Dans les bois ténébreux où se perdent tes pas,
A la chasse, où toujours les biches effarées
T'implorent par leurs cris, mais ne t'arrêtent pas.

Si je te vois suspendre à la branche d'un arbre
Ton arc d'argent pour boire au cristal du rocher,
J'irai sur l'herbe en fleur baiser tes pieds de marbre,
Chasseresse à l'œil fier, que nul n'ose approcher !

Quand les Muses viendront, chevelures flottantes,
Chanter Phébus leur maître et Diane sa sœur ;
Quand tu commanderas les danses haletantes,
Moi, je te parlerai tout bas du beau chasseur :

Le doux Thessalien, Endymion le pâtre,
Qui couronne son front de tes pâleurs, Phœbé,
Qui t'attend tous les soirs, le sauvage idolâtre,
Depuis que ton amour sur son cœur est tombé.

Plus altérée alors, tu boiras à la source,
Diane, vierge altière, insoumise à Vénus;
Pour fuir dans les forêts tu reprendras ta course,
Et permettras aux vents de baiser tes seins nus.

II

L'IDÉAL.

DÉDIÉ AUX RÉALISTES.

J'ai pris une cythare à mon maître Apollon,
Et chanté Idéa dans le sacré vallon.

Chastes filles des bois, Nymphes inviolées,
Venez danser en chœur sous vos cheveux voilées.

Idéa sur la mer naquit, sœur de Vénus,
Un jour que Cynthia secouait ses seins nus.

La vague la porta jusque sur le rivage,
Mais Idéa s'enfuit dans la forêt sauvage.

Ses pieds ne touchaient pas la terre ; elle volait
Dans le ciel azuré, plus blanche que le lait.

Elle alla sur les monts que la neige couronne,
Où Phébus ne voit pas de pamprée en automne.

Voilant son chaste sein d'un flottant arc-en-ciel,
Des abeilles d'Hymette elle suça le miel.

Imprimant son beau pied sur la neige éclatante,
Dans l'air et les rayons elle vécut contente.

Le monde aime Idéa depuis quatre mille ans ;
Elle rit des amours tendres ou violents.

Nul encor, chevauchant sur l'aigle ou sur la nue,
N'a monté ta montagne, ô déesse inconnue !

Nul, hormis le poëte amoureux ; — celui-là
Seul étreint sur son cœur ton sein qu'Iris voila.

III

EUTERPE.

DÉDIÉ A HOMÈRE.

Le matin j'avais pris fusil et gibecière,
Et, bravant le soleil, les ronces, la poussière,
Je courais le regain, le bois et le sentier,
Ne m'arrêtant qu'à peine aux sources du moustier.
J'allais avec ardeur, cependant que le lièvre
Broutait l'herbe embaumée à l'ombre du genièvre,
Que le ramier dormait au fond du vert berceau,
Et que le daim jouait en buvant au ruisseau ;
Voilà que tout à coup, au détour de la haie,
Je trouve sous un orme, où le bouvreuil s'égaie,
Euterpe au sein bruni, la muse du hautbois,
Qui répand ses chansons par les prés et les bois.

— Par Apollon, salut, Euterpe la rustique !
As-tu donc retrouvé la flûte poétique ?
Vas-tu réveiller Pan qui dort dans les roseaux,
Pour ouïr tes concerts avec les gais oiseaux ?

— Depuis plus de mille ans que je suis exilée,
Poëte, nul encor, nul ne m'a consolée.
Un barbare a brisé la lyre d'Apollon ;
J'ai vu se dépeupler tout le sacré vallon ;
J'ai vu partir mes sœurs, ces urnes d'ambroisie
D'où coulait tant d'amour et tant de poésie.
Après avoir longtemps pleuré sous les cyprès,
Moi, je me suis enfuie à travers les forêts,
Avec le souvenir de nos divins rivages.
Quels siècles j'ai passés dans les pays sauvages,
Ne trouvant plus d'échos à mes hymnes sacrés
Quand avec les pasteurs je chantais dans les prés !
Enfin, je te surprends, ô chasseur, ô poëte !
Et ma lèvre frémit sur ma flûte muette.

LA CHANSON D'EUTERPE.

J'ai repris ma flûte d'ivoire :
Réveillez-vous, Nymphes des bois,
Naïades qui versez à boire
Au chasseur triomphant comme au cerf aux abois ;
Venez, ô troupes bocagères !
Sourire à mes chansons légères ;
Sylvains au pied fourchu, préparez vos hautbois
Et répétez mes airs champêtres.
Pour venir danser sous les hêtres,
Réveillez-vous, Nymphes des bois !

EUTERPE.

L'aurore matinale à l'orient dénoue
Sa chevelure d'or, qui lui voile la joue ;
Apollon, notre encens fume sur tes autels,
Viens sur ton char de feu réjouir les mortels.

C'est la saison des fruits : fuyez, blondes abeilles,
Pomone en vous chassant va remplir ses corbeilles ;
Le faucheur sur la gerbe enfin s'est assoupi ;
Cérès a vu tomber jusqu'au dernier épi.

Bacchus s'est couronné d'une feuille d'acanthe ;
Il traverse la vigne où chante la bacchante ;
Il agite son thyrse orné de pampres verts,
Et contemple sa coupe où j'ai gravé des vers.

Et, pendant que Bacchus vient avec Ariane,
Vénus va s'exiler. Tu triomphes, Diane !
Trompé par ta beauté, l'Amour, l'aveugle enfant,
T'a donné son carquois et son arc triomphant.

Tu vas poursuivre encore, en tunique flottante,
Le cerf tout éploré, la biche haletante ;
Mais ne va pas songer à l'amoureux chasseur,
Fière amante des bois, d'Apollon chaste sœur !

  J'ai repris ma flûte d'ivoire :
  Réveillez-vous, Nymphes des bois,
  Naïades qui versez à boire
Au chasseur triomphant comme au cerf aux abois ;

      Venez, ô troupes bocagères ;
      Sourire à mes chansons légères ;
Sylvains au pied fourchu, préparez vos hautbois,
      Et répétez mes airs champêtres.
      Pour venir danser sous les hêtres,
      Réveillez-vous, Nymphes des bois !

Les Heures, secouant les cyprès et les roses,
Passent sans s'arrêter en leurs métamorphoses,
Et déjà la prêtresse immole de ses mains
Une blonde génisse au maître des humains.

Sur les prés du vallon le troupeau se disperse,
Le bœuf traîne à pas lents la charrue et la herse ;
Dans le sillon fumant le laboureur pieux
Va fécondant Cybèle et rend grâces aux dieux.

O mon maître Apollon ! Daphné la chasseresse
Brave sous les lauriers ta divine caresse ;
Mais, si tu viens près d'elle en lui disant des vers,
Elle ornera ton front de lauriers toujours verts.

Vénus, où donc es-tu ? les colombes sacrées
Avec le char d'azur s'envolent effarées.
La déesse aux beaux yeux dont l'empire est si doux,
Messagères d'amour, où la conduisez-vous ?

Voilà qu'un cri de joie ouvre les bacchanales,
Et déjà de Bacchus les filles matinales
Se répandent en chœurs sur les coteaux voisins,
Ceignant leur front de pampre et cueillant des raisins.

J'ai repris ma flûte d'ivoire :
Réveillez-vous, Nymphes des bois,
Naïades qui versez à boire
Au chasseur triomphant comme au cerf aux abois;
Venez, ô troupes bocagères !
Sourire à mes chansons légères ;
Sylvains au pied fourchu, préparez vos hautbois,
Et répétez mes airs champêtres.
Pour venir danser sous les hêtres,
Réveillez-vous, Nymphes des bois !

IV

LA CHANSON DU FAUNE.

DÉDIÉ A THÉOCRITE.

    Elle est cassée, elle est cassée,
      Ma cruche que j'aimais !
    Pour moi toute joie est passée ;
      Elle est cassée !
    Je n'y boirai plus jamais,
        Jamais !

Qu'un funèbre cyprès s'incline sur ma tête.
O Jupiter ! dis-moi si, le jour de la fête,
Une cruche si belle était aux mains d'Hébé ?
Ah ! combien je maudis l'heure où je suis tombé !

    Quand l'Hamadryade légère
    Toute palpitante accourait
    Devant ma grotte bocagère,
    A ma cruche elle s'enivrait.

LA CHANSON DU FAUNE.

LA CHANSON DU FAUNE.

Un jour, — quel souvenir! — je rêvais sous un arbre;
En poursuivant un cerf, Diane aux pieds de marbre
Me demanda ma cruche et la vida d'un trait.
Ah! comme j'ai suivi ses pas dans la forêt!

  Elle est cassée, elle est cassée,
   Ma cruche que j'aimais!
  Pour moi toute joie est passée;
   Elle est cassée!
  Je n'y boirai plus jamais,
    Jamais!

Apollon sur ma cruche avait gravé l'histoire
De Pan, qui dans ses bras, cherchant une victoire,
Vit en roseaux chanteurs se métamorphoser
La nymphe en fuyant ainsi l'ardent baiser.

  Mais Pan, enivré par la lutte,
  Sous ses dents coupa des roseaux
  Dont il fit soudain une flûte
  Qui chanta comme les oiseaux.

Pan joua tristement, aux rives solitaires,
Un chant voluptueux, si doux, que les panthères,
Les lions indomptés, se déchirant entre eux,
En rugirent d'amour dans les bois ténébreux.

  Elle est cassée, elle est cassée,
   Ma cruche que j'aimais!
  Pour moi toute joie est passée!
   Elle est cassée!
  Je n'y boirai plus jamais,
    Jamais!

Sur ma cruche on voyait, dans un chœur de Dryades,
Le fils de Sémélé qu'ont bercé les Hyades ;
A ses pieds sommeillait un tigre tacheté ;
Désarmés, les Amours jouaient à son côté.

    Les Dryades, troupe bruyante,
    Dansaient en voilant leurs seins nus
    De leur chevelure ondoyante
    Parfumée au bain de Vénus.

Et Bacchus, étendu sur des feuilles d'acanthe,
Ouvrait sa lèvre rouge à la jeune bacchante,
Qui pressait sous ses doigts une grappe aux cent grains.
— Faune, finiras-tu de chanter tes chagrins ?

V

SAPHO.

DÉDIÉ A APELLES.

I

SAPHO A PHAON.

Quand je suis près de toi, le feu court dans mes veines,
Je m'enivre à longs traits de tout ce que je vois ;
Répands sur mes cheveux le parfum des verveines,
Et parle-moi d'amour, car j'ai perdu la voix.

Je me suspends à toi comme à la vigne ardente,
Je veux les passions et leurs déchirements ;
Je bois la poésie à ta lèvre abondante,
Je pâlis et je meurs dans mes enivrements.

Je suis tout éperdue en mon divin désordre,
Ton souffle ardent sur moi court comme un vague écho,
Je sens dans mes bras nus la volupté se tordre :
Phaon, dans ton amour ensevelis Sapho !

II

LA MORT DE SAPHO.

Enfin tout va finir! — Voilà le rocher nu
D'où je m'élancerai dans le monde inconnu.
Hélas! et le cruel rira de ma folie,
Et du dernier adieu de ma bouche pâlie.
Croit-il donc qu'après lui j'irais encor courir?
Non; c'est trop de douleur, et j'aime mieux mourir!
Déjà j'ai traversé les enfers; puis-je vivre
Quand l'amour a pour moi fermé son divin livre?
Quand mon cœur, tout saignant des folles passions,
N'est plus bon qu'à jeter en pâture aux lions?
Vivre, quand mon esprit, cher au sacré rivage,
S'est à jamais perdu dans ce rude esclavage?
Quand ma bouche si fraîche est flétrie à jamais
Sous les pleurs dévorants; quand tout ce que j'aimais,
Tout ce que j'aime encor m'oublie et me torture?
Mourons, et cachons-lui le sang de ma blessure.
Ma mort lui redira les jours évanouis
Où l'amour transportait nos cœurs épanouis,
Cette aube lumineuse où chantait la Chimère
Sur la harpe d'argent avec l'âme d'Homère;
Où les Heures, jetant des fleurs à pleine main,
Dansaient autour de nous, dansaient sur le chemin!
Et ces nuits où Phœbé, voyant ma gorge nue,
Voilait ses chastes yeux dans l'ombre de la nue;

Où les étoiles d'or descendaient doucement
Pour couronner nos fronts de leur rayonnement;
Où les Olympiens, jaloux de nos délires,
Jetaient avec fureur leurs coupes et leurs lyres;
Où Vénus elle-même ouvrait violemment
Ses bras tout enflammés pour saisir mon amant.
Le cruel! Laissez-moi, serpents de jalousie;
Dans vos enchaînements suis-je encor ressaisie?
Le cruel! Est-ce donc pour m'outrager toujours
Qu'il me rendait l'espoir au dernier de mes jours?

Mourir dans ma jeunesse et dans ma poésie!
Mourir frappée au cœur! ô sombre frénésie,
O tourments des enfers, ô vengeance des dieux,
Qui ne pardonnent pas aux amours radieux!
Quoi qu'ils fassent, je suis à présent immortelle,
J'irai m'asseoir aussi dans leurs banquets, et telle
Que les Muses, mes sœurs, sur la cythare d'or,
Mon amour indompté, je veux le dire encor.
Et Jupiter peut-être, indigné du parjure,
Te frappera, Phaon, pour laver mon injure.
Cruel! si Jupiter voulait frapper ton cœur,
J'arrêterais sa main, ô Phaon, mon vainqueur!
Si tu ne m'aimes plus, c'est ma faute : une amante
Est dans son tort sitôt qu'elle n'est plus charmante.
J'aurais dû sur ton cœur veiller toutes les nuits
Et ne point y laisser arriver les ennuis;
J'aurais dû, te berçant, bacchante inassouvie,
Ne chanter que pour toi la chanson de la vie.
Ne t'aimais-je pas trop, ô Phaon, pour avoir
La science d'aimer? T'aimer, c'était savoir!

Des larmes! O Sapho! n'écoute point ton âme,
Qui, comme un cerf blessé, fuit le jour, pleure et brame.
Point de lâches douleurs! je mourrai vaillamment,
Sans un seul souvenir pour le perfide amant!
Qu'il aille où son amour l'entraînera ; qu'importe
Si le fleuve des morts à tout jamais m'emporte!

Hélas! je veux le fuir, mais pour le retrouver :
Sur le sein de la mort je veux encor rêver
A ses beaux yeux baignés de flammes amoureuses,
A sa bouche pareille aux pêches savoureuses.
Je veux encore entendre en mon âme sa voix,
Sa voix qui caressait mes lèvres autrefois,
Sa voix qui suspendait les hymnes sur ma lyre,
Sa voix qui m'empêchait de chanter et de lire.
Je vais monter! Encor si j'avais pour appuis
Tes douces mains, Phaon! car sans toi je ne puis
Traîner mes tristes pieds et je perds tout courage.
Réveille-toi, mon cœur, pour ce dernier naufrage!

Je vais me dépouiller de toute ma splendeur,
Et je ne garderai qu'un voile à ma pudeur.
O mon maître Apollon, reprends cette couronne!
Nuit de la tombe, éteins l'éclat qui m'environne!
Chères fleurs, que le vent vous reporte vers lui!
Ah! quand il les cueillait, quels beaux jours nous ont lui!
Ah! qu'il aimait l'amante et qu'il aimait la muse!
Pauvres perles! qu'une autre à son tour s'en amuse.
Qu'il ne me reste rien, pas même ma beauté,
Pas même son portrait sur cet anneau sculpté!
Ce bracelet d'argent qui me vient de ma mère

M'accompagnera seul au fond de l'onde amère.
Adieu, vaines grandeurs! Je vous salue, ô flots!
Vous qui me bercerez au chant des matelots.
Vous ne glacerez pas ma bouche inapaisée,
Car Phaon seul avait la divine rosée.

Et vous, mes vers, trésors à mon cœur arrachés,
Réveil des souvenirs dans le tombeau couchés,
Mon amour, mon orgueil, ma joie et mon délire,
Je ne crois plus à vous, et j'ai brisé ma lyre,
Quand Phaon a brisé mon cœur. Tout est fini.
Dieux, qui m'avez donné la soif de l'infini,
Et qui m'avez ouvert les bras sur la chimère,
Pourquoi ne m'avoir pas permis d'être une mère?
J'aurais fermé mes bras sur quelques beaux enfants
Plus blonds que les Amours, plus joueurs que les faons.
Assise sur le seuil et les voyant s'ébattre...
C'était là, c'était là que mon cœur devait battre!

Ailleurs avec Phaon que nous montions gaiement!
Mais nous nous arrêtions à chaque embrassement!
Nous allions à l'amour, quel que fût le rivage,
Et je vais à la mort en ma douleur sauvage.
Je ne pardonne pas en mourant; que les dieux
Te foudroient, ô Phaon! Ton amour odieux
Retombera sur elle : il faudra qu'elle expie
Les tourments infernaux de cet amour impie.
J'enchaînerai son cœur, déchiré par lambeaux,
Sur un roc où viendront se nourrir les corbeaux...
Si tu savais, Phaon, comme je t'aime encore!
Tu ne me verras plus à la prochaine aurore.

Si tu vas sur la mer... et si tu te souviens...
A nos beaux soirs passés, Phaon, si tu reviens,
Les vagues te diront que ma bouche mourante
Cherchait la tienne encor sur la vague pleurante ;
S'il vient t'interroger, ô mer ! tu lui diras
Qu'en mourant je croyais me jeter dans ses bras.

III

LE TOMBEAU DE SAPHO.

CHANT DES SYRÈNES.

Elle a dit son secret aux filles de la mer,
    Parmi nous la muse est venue,
Versant au flux les pleurs de son amour amer,
    Et nous livrant sa gorge nue.

Elle a dit son amour et sa douleur aux flots
    Du haut du rocher prophétique ;
Nous avons recueilli les cris et les sanglots
    De son désespoir poétique.

Elle est morte, Sapho ; mais le tombeau mouvant,
    Les grandes vagues écumantes,
Diront longtemps encor que son cœur est vivant
    Dans le cœur des folles amantes.

SAPHO.

Elle est morte, Sapho, pour avoir trop aimé
　　En sa passion souveraine ;
Mais son âme vivra dans l'avenir charmé,
　　Son âme, invisible syrène.

Couchons-la doucement dans un lit de roseaux.
　　Sous ses cheveux ensevelie,
Qu'elle dorme à jamais au bruit chanteur des eaux,
　　Et que son triste cœur oublie !

VI

LE SANG DE VÉNUS.

DÉDIÉ A PRAXITÈLE.

Idéal adoré de Zeuxis et d'Homère,
Nonchalante Vénus, fille de l'onde amère,
Votre reine, amoureux affolés de plaisir,
Vénus au sein de neige où fleurit le désir ;

Celle qui fuyait Cypre et ses ardents rivages,
Pour s'envoler au bord des fontaines sauvages
Où reposait le pâtre aussi beau que les dieux,
La Vénus d'Ionie au regard radieux ;

Celle que les printemps ont toujours couronnée,
Quand elle fut atteinte en protégeant Énée,
Les Heures l'entouraient, les mains pleines de fleurs :
Soudain le sang jaillit, tous les yeux sont en pleurs.

L'une cueille une rose avec sa tige verte,
— Rose blanche — et la porte à la blessure ouverte.
Le sang teignit la rose à ce moment fatal,
Comme un vin généreux empourpre le cristal.

Et sur la rose rouge on vit la Poésie
Y répandre aussitôt un parfum d'ambroisie.
Ce parfum n'est-il pas, ô Vénus Astarté,
L'âme de la jeunesse et de la volupté ?

VII

CHANSON ANTIQUE.

DÉDIÉ A MOSCHUS.

Ce matin, sur un vase antique
Peint par un Grec, j'ai lu des vers :
La chanson douce et prophétique
D'une charmeresse aux yeux verts.

Un jour, Moschus fuyant l'Étude,
Ses pâles fleurs, son miel amer,
Suivit la douce Solitude
Sur le sable où roule la mer.

Il descend bientôt sur la rive,
Pour ouïr le vent et les eaux ;
Une blanche Syrène arrive,
Et chante au milieu des roseaux :

« Jeune amant de la Poésie,
» Ne va pas au sacré vallon :
» Amour verse plus d'ambroisie
» Que toutes les sœurs d'Apollon.

» A la Minerve triomphale
» Ne tiens pas ton cœur enchaîné;
» Érato ne vaut pas Omphale;
» Apollon n'aime pas Daphné.

» O mortel! s'il te faut des chaînes
» Où doivent s'enlacer tes vœux,
» La Dryade aux grottes prochaines
» Te retiendra dans ses cheveux. »

Après ce chant doux et sauvage,
La blanche Syrène aux yeux verts
Quitta les roseaux du rivage
Pour ses antres de flots couverts.

Moschus écrivit sur le sable,
Avec la chanson que voilà,
Cette sentence ineffaçable :
AMOUR! AMOUR! LA VIE EST LA.

J'ai déposé sur la fenêtre
Le vase antique, où j'ai semé
Des primevères qui vont naître
Aux rayons du soleil de mai.

VIII

VISIONS DANS LA FORÊT.

DÉDIÉ A ANGE DE FIESOLE.

J'étais dans la forêt, rêvant au pied d'un frêne :
Une femme passa, fière comme une reine.
« Qui donc es-tu, lui dis-je en lui prenant la main,
» Toi que j'ai vue hier, que je verrai demain,
» Tantôt sous les cyprès et tantôt sous les roses,
» Tantôt triste ou joyeuse en tes métamorphoses ? »

D'une voix fraîche et claire elle me répondit :
« Je suis un ange errant qu'on aime et qu'on maudit.
» Depuis des jours sans fin que je parcours la terre,
» Pour moi-même je suis un étrange mystère ;
» Mais tu verras bientôt passer dans la forêt
» Trois femmes qui toujours ont porté mon secret. »
Elle dit, et s'enfuit, plus vive et plus légère
Que la biche aux doux yeux qui court dans la fougère.

Je rêvais ; cependant sur le même chemin
Une femme apparut ; la neige et le carmin
Se disputaient l'éclat de sa jeune figure.
« Salut, toi qui souris, sois-moi d'un bon augure !
» Femme, dis-moi ton nom.—Mon nom est dans ton cœur. »
Elle dit, et s'enfuit avec un air moqueur.

Une autre la suivit, pâle et contemplative.
« Et toi, qui donc es-tu? » Comme la sensitive
Qui craint d'être touchée, elle prit en passant
Un timide détour sous l'arbre jaunissant.
Mais je la poursuivis. « Qui donc es-tu, de grâce?
» Femme, dis-moi ton nom, ou je suivrai ta trace.
» — Abeille du Très-Haut, je vais cherchant mon miel
» Dans la mystique fleur que Dieu cultive au ciel. »

Une autre femme encor passa sous le vieux arbre.
En la voyant venir, je me sentis de marbre;
Un hibou la suivait, un sinistre corbeau
Annonçait son passage; une odeur de tombeau
S'exhalait de ses pas. « Ton nom? — Je suis la mère!
» Suis-moi, ferme ta bouche à toute source amère,
» L'abime où je descends n'est pas une prison,
» C'est le sombre chemin d'un plus grand horizon. »

Riantes visions et visions austères,
Qu'avais-je vu passer? La VIE et ses mystères;
L'AMOUR, qui nous promène en ses mille Alhambras;
La FOI, qui vers le ciel lève en priant ses bras;
La MORT, qui nous guérit de la douleur de vivre
Et de l'Éternité nous vient ouvrir le livre.

IX

JÉSUS MENDIANT.

FRESQUE BYZANTINE.

DÉDIÉ A GIOTTO.

Jésus s'habille en pauvre et demande l'aumône
    Au seuil d'un riche au cœur d'acier.

« Beau seigneur, qui vivez comme un roi sur son trône,
  » Donnez-moi quelque pain grossier.

» — Avec votre besace, allez dans mon étable ;
  » La paresse ici n'entre pas.

» — Donnez-moi seulement les miettes de la table,
  » Pendant que vos chiens sont là-bas.

» — Mes chiens ! ne sais-tu point qu'ils m'apportent des lièvres,
  » Des bécasses et des lapins ?

» Toi, tu n'apportes rien, pas même les genièvres
  » Qui font chauffer mon four à pains. »

Et Jésus s'en allait, quand il vit une femme
    Qui venait d'une ruche à miel.

Elle avait la beauté, car on voyait son âme
    Dans ses yeux bleus couleur du ciel.

« Mon pauvre homme, venez sous mes noires solives,
    » Par la porte où siffle le geai ;

» Je n'ai rien que du miel, des raisins, des olives ;
    » Mais je donne tout ce que j'ai. »

Jésus suivit la femme et répandit sur elle
    L'auréole de sa splendeur ;

Rayon de Paradis et de vie immortelle !
    Et cette femme avec candeur :

« Mon pauvre homme, dit-elle, est-ce déjà la lune
    » Qui répand sur moi sa clarté ?

» — O femme ! entre vos sœurs, en connaissez-vous une
    » Qui se nomme la Charité ? »

Elle s'agenouilla pour baiser les sandales
    Du Dieu qui se transfigurait ;

Mais Jésus, la voyant s'abimer sur les dalles,
    Lui montra le ciel qui s'ouvrait.

JÉSUS MENDIANT.

« — Mon Dieu ! je monte au ciel sans traverser la tombe,
　» Et j'ai la clef du Paradis.

» — Et là-bas ton voisin avec tout son or tombe
　» Dans l'enfer où sont les maudits.

» Mais, quand il aura soif, je prendrai le ciboira
　» Où mon amour est jaillissant;

» Je mourrai sur la croix pour lui donner à boire
　» Jusqu'à mes larmes et mon sang ! »

LIVRE TROISIÈME.

LE ROMAN COMIQUE.

COMMENT JE FAILLIS MOURIR SCAPIN.

DÉDIÉ A VOLTAIRE.

I

Bruyères, doux pays de mes bruyères roses,
Où ma joyeuse enfance a couru les buissons,
Où s'empourpre la vigne, où fleurissent les roses,
Mes chantantes forêts et mes bleus horizons,
Vous m'avez révélé, dans vos métamorphoses,
Ovide mon poëte et ses doctes chansons.

II

N'ayant que mon esprit et mon cœur pour ressource,
J'ai fui ce doux pays. Ma sœur, sur le chemin,
Pleurait; ma mère mit un peu d'or dans ma bourse,
Disant, tout inquiète : — Il reviendra demain !
— O ma mère ! — Voilà qu'à la prochaine source
Je m'arrête pensif et je bois dans ma main.

III

Une larme tomba de mes yeux pour ma mère.
Je voulus retourner où j'étais attendu ;
Je sentais m'envahir la solitude amère,
J'avais peur du naufrage et j'étais éperdu ;
Le prisme s'envolait des flancs de ma chimère.
Je comprenais enfin le paradis perdu !

IV

Tout à coup, je me crus dans le *Roman comique :*
Quinze comédiens arrivent bruyamment.
Quels cris ! quelles chansons ! quelle étrange musique !
Je vois venir à moi l'Étoile et son amant.
Pour un jeune écolier la rencontre magique !
Je croyais voir Scarron lui-même en ce moment.

V

— Où vas-tu, mon enfant ? me demanda l'Étoile.
— Je ne sais pas : et vous ? — Je vais où va le vent.
— Eh bien, c'est mon chemin : vous serez mon étoile.
— Moi ton étoile ! Au ciel je ne vais pas souvent. —
Et la belle aussitôt de soulever son voile,
Pour prouver qu'elle avait l'œil noir et l'air vivant.

VI

Puis elle mit la main sous le jet de la source,
Elle y trempa la lèvre et but tout en riant.

Je bus au même verre. Hélas! mons La Ressource
Survint plus glorieux qu'un prince d'Orient;
Il prit la même coupe. O ciel! si la grande Ourse
Avait pu l'engloutir, ce fanfaron bruyant!

VII

Quoiqu'il eût pour aïeux le Soleil et la Lune,
Il daigna me parler : c'était beaucoup d'honneur!
— Que vous êtes heureux! lui dis-je sans rancune.
— Voulez-vous une stalle au jeu de mon bonheur?
— Être comédien, quelle bonne fortune!
— Eh bien, soyez heureux. — Oh! grand merci, seigneur!

VIII

La Ressource aussitôt va haranguer sa troupe,
Et d'un air d'empereur me présente gaiement :
— Nous avons tous les deux bu dans la même coupe,
Donc nous sommes amis. — Chacun me fut charmant;
Léandre, enrubané, freluquet à la houppe,
Daigna venir à moi pour causer galamment.

IX

Je songeais à l'Étoile et déjà j'étais ivre :
L'eau se changeait en vin; je croyais mon cœur pris.
Mais cela n'était pas encore le vrai livre
De l'amour. — Tout à coup, une beauté sans prix
M'apparait — et je sens que mon âme va vivre...
Léandre parlait bien, mais je n'ai rien compris.

X

Or, c'était l'ingénue. Elle songeait sans doute
A sa mère; on eût dit une Mignon rêvant;
Elle avait dérobé quelques fleurs sur sa route,
Que d'une main distraite elle effeuillait au vent.
Elle n'entendait rien. — Arabelle était toute
A ses rêves aimés. — Elle rêvait souvent.

XI

Sur sa bouche entr'ouverte ainsi qu'une grenade,
Un sourire parlait de sa virginité;
Autour d'elle l'Amour chantait sa sérénade;
Sa grâce était plus belle encor que sa beauté;
Comme une vision le soir en promenade,
Elle cherchait dans l'air la vague volupté.

XII

La forêt n'avait pas une plus douce haleine
Que les fraîches odeurs tombant de ses cheveux;
C'était la source, l'air, le lys, la marjolaine,
La main douce aux baisers, l'âme ouverte aux aveux :
Ingénue! Elle était Agnès, Sylvie, Hélène,
Qui d'abord dit : « Je n'ose! » et qui dira : « Je veux! »

XIII

Ingénue! Ah! le mot ravissant et sonore,
Plus amoureux qu'Étoile et plus doux que Mignon!

Qui veut dire blancheur, avril, rosée, aurore!
C'est le premier voyage au pays de Ninon.
On est femme déjà, mais on est vierge encore :
Ange et démon, l'amour seul dira votre nom!

XIV

Cependant mon regard dévorait Arabelle.
Je m'avance saisi d'un romanesque émoi.
Elle me voit enfin! Je lui dis qu'elle est belle.
— Moi? Vous m'avez fait peur! Que voulez-vous de moi?
— Je ne veux rien, sinon vous aimer. — Je suis celle
Qui ne veut pas aimer, lui parlât-on d'un roi.

XV

— Je suis bien plus qu'un roi : la Muse est ma marraine;
Ma nourrice a baigné ma lèvre à l'Hippocras,
Et je n'ai qu'à parler pour créer une reine :
Je te couronnerai partout où tu voudras.
Je cherchais sur la rive Héro pour souveraine...
Appelle-moi Léandre et tombe dans mes bras.

XVI

Mais la belle me dit : — Je n'aime pas les phrases.
J'eus beau parler, elle eut des rages de pudeur;
Ah! si j'avais montré des perles, des topazes!
C'était là l'éloquence! Et moi, dans ma candeur,
Je cueillais des bleuets, des rimes, des extases!
O poëte ignorant qui ne sait pas son cœur!

XVII

Elle se ravisa pourtant, l'aventureuse !
Elle aimait les chansons : elle avait tant rêvé !
Un soir qu'elle jouait son rôle d'amoureuse
Avec plus d'abandon, le public captivé
Lui jeta des bouquets. « Puisque je suis heureuse,
Me dit-elle, viens-t'en : je t'aime, j'ai trouvé ! »

XVIII

O le divin roman de mon âme étonnée,
Désir de volupté dans l'amour virginal,
Doux rayon lumineux d'une belle journée,
Aussitôt disparu qu'un rêve matinal,
Mais dont notre jeunesse est tout illuminée !
Le feuilleton dura ce que dure un journal.

XIX

Arabelle aimait trop l'amour : la jalousie
Me mordit. Je voulus que la belle, gaiement,
Renonçât au théâtre. Étrange fantaisie !
L'actrice n'appartient jamais à son amant ;
Et quel que soit son rôle, Inès, Laure, Aspasie,
Elle est toute au public en son désœuvrement.

XX

Pourtant on s'amusait dans ce Roman comique ;
On dînait rarement, on soupait quelquefois.

Madame Forte-en-gueule était gastronomique,
Elle avait des menus à provoquer les rois.
On se battait un peu, mais dans l'ordre rhythmique ;
Ce bonheur inouï dura bien près d'un mois.

XXI

Je quittai le théâtre un peu tôt pour ma gloire ;
Je devais débuter en prose et même en vers.
La Ressource me fit ses adieux après boire...
Je regrette toujours mes bottes à revers !
Mon cœur brouillait déjà le roman et l'histoire :
Je venais de passer par tout un univers !

XXII

Arabelle pleura — des perles — la perverse !
Une larme de plus, et je mourais Scapin.
Les doux baisers d'adieu ! ce fut toute une averse.
— Elle essayait un rôle : — Horrible gagne-pain !
Que de rêves charmants son souvenir me verse,
La blanche vision d'un ciel de papier peint !

XXIII

Le soir, le croirez-vous, je revins au théâtre ;
En simple spectateur je voulais la revoir.
Ma belle amie avait un public idolâtre ;
Je courus à sa loge, où dans son désespoir :
« Écoute, me dit-elle, écoute mon cœur battre ;
Tu m'as appris l'amour — un autre est là — bonsoir. »

> # LIVRE QUATRIÈME.

QUAND J'AVAIS VINGT ANS.

I

LA BOHÈME DU DOYENNÉ.

A MES AMIS DE LA BOHÈME.

Théo, te souviens-tu de ces vertes saisons
Qui s'effeuillaient si vite en ces vieilles maisons
Dont le front s'abritait sous une aile du Louvre?
Levons avec Rogier le voile qui les couvre,
Reprenons dans nos cœurs les trésors enfouis,
Plongeons dans le passé nos regards éblouis.

Chimères aux cils noirs, Espérances fanées,
Amis toujours chantants, Amantes profanées,
Songes venus du ciel, flottantes Visions,
Sortez de vos tombeaux, jeunes Illusions!
Et nous rebâtirons ce château périssable
Que les destins changeants ont jeté sur le sable :

Replaçons le sofa sous les tableaux flamands ;
Dispersons à nos pieds gazettes et romans ;
Ornons le vieux bahut de vieilles porcelaines,
Et faisons refleurir roses et marjolaines ;
Qu'un rideau de lampas ombrage encor ces lits
Où nos jeunes amours se sont ensevelis.

Appendons au beau jour le miroir de Venise :
Ne te semble-t-il point y voir la Cydalise
Respirant un lilas qui jouait dans sa main,
Et pressentant déjà le triste lendemain ?
Entr'ouvrons la fenêtre où fleurit la jacinthe,
Il m'en reste une encor ! relique trois fois sainte...

Ne respires-tu pas dans ces vagues parfums
Les doux ressouvenirs de nos amours défunts ?
Retournons un instant à cette belle année :
Traînons le sofa vert devant la cheminée ;
Prenons un manuscrit pour rallumer le feu,
Appelons nos deux chats et devisons un peu :

Que dit-on par le monde ? Eh ! qu'importe ? nous sommes
Dans la verte oasis, loin du désert des hommes.
Laissons-les s'épuiser avec les vanités,
Et parcourons toujours nos palais enchantés ;
Couvrons de notre oubli le monde et ses tourmentes :
Parlons de nos amours, parlons de nos amantes :

L'Amour ! pays perdu que nous cherchons toujours,
Écho des paradis, horizon des beaux jours,

Sérénade qui chante en notre âme ravie;
L'Amante! coupe d'or où nous buvons la vie!
On déjeunait. Gérard s'asseyait près de nous,
Et les chats en gaieté sautaient sur ses genoux.

« D'où vient donc, ô Gérard! cet air académique?
» Est-ce que les beaux yeux de l'Opéra-Comique
» S'allumeraient ailleurs? La reine de Saba,
» Qui du roi Salomon entre vos bras tomba,
» Ne serait-elle plus qu'une vaine chimère? »
Et Gérard s'écriait : « Que la femme est amère! »

Ourliac, gai convive, arrivait en chantant
Ces chansons de Bagdad que Beauvoir aimait tant.
Tu l'écoutais, l'esprit perdu dans les ténèbres,
Cherchant à ressaisir les images funèbres
De celle que la Mort sur son pâle cheval
Emporta dans la tombe un soir de carnaval.

Voici l'heure où venaient reprendre leur palette
Nos peintres, pinceaux d'or, mais touche violette,
Delacroix, Boulanger, Deveria, Roqueplan,
Marilhat et Nanteuil. Le salon or et blanc
Fut bientôt illustré des œuvres romantiques.
Nous avions des beautés de vingt ans pour antiques.

Toi-même tu peignais, et moi, rimeur distrait,
Au cadre du sonnet j'essayais un portrait.
Tu n'as point oublié la jeune tavernière
Qui tout en souriant nous versait de la bière?

Quelle gorge orgueilleuse et quel œil attrayant!
Que Préault a sculpté de mots en la voyant!

Cette fille aux yeux bleus, follement réjouie,
Les blonds cheveux épars, la bouche épanouie,
Jetant à tout venant son cœur et sa vertu,
Et faisant de l'amour un joyeux impromptu,
Fut de notre jeunesse une image fidèle;
Ami, longtemps encor nous reparlerons d'elle.

Ah! si ces heureux jours devaient nous revenir!
Mais la Mort a passé, mais sans le souvenir
Que nous resterait-il? Comme les hirondelles,
Déjà l'amour frileux s'envole à tire-d'ailes
Vers de plus jeunes cœurs aux rivages aimés...
Mais il faut bien que tous soient tour à tour charmés.

Si nous pouvions aller vivre un peu dans l'Attique,
Amoureux des Phrynés, sages sous le Portique;
Le ciel qui s'assombrit nous devient étranger;
Nous rêvons la contrée où fleurit l'oranger.
C'est le mal du pays. Mais pour nous la jeunesse,
C'est le pays. Prions les Dieux qu'elle renaisse!

Nous vous cherchons en vain, reines de nos plaisirs,
Prêtresses qui gardiez le feu de nos désirs!
Judith oublie Arthur, Franz, Rogier et le reste,
En donnant à son cœur la solitude agreste;
Rosine à Chantilly caresse un jeune enfant
Plus joli qu'un Amour et plus joueur qu'un faon.

Doux portrait qui lui parle et qui dort auprès d'elle ;
Sourire revenu d'un amant infidèle.
Ninon au Jockey-Club vend chacun de ses jours ;
Charlotte danse encore — et dansera toujours.
Alice ? — il la faut plaindre et prier Dieu pour elle :
Elle est dans les chiffons, la pauvre Chanterelle ;

Armande ? — Un prince russe épris de sa beauté
Travaille à lui refaire une virginité.
Olympe ? — un mauvais livre ouvert à chaque page —
Ce matin je l'ai vue en galant équipage :
Le toit qui l'abritait en sa chaste saison
Ne se dessine plus pour elle à l'horizon.

L'heure a déjà sonné pour ces beautés pâlies,
Car vingt ans ont passé sur ces belles folies,
Où l'Opéra lui-même, après minuit, venait
Risquer son soulier d'or et jeter son bonnet.
Gardons, ô mon ami ! pour nos vieilles années,
Le regain pénétrant de tant de fleurs fanées !

Gardons un épi d'or de toutes nos moissons,
Gardons le vif refrain de toutes nos chansons !
O le beau temps passé ! Nous avions la science,
La science de vivre avec insouciance ;
La Gaieté rayonnait en nos esprits moqueurs,
Et l'Amour écrivait des livres dans nos cœurs !

II

LE PAYS DU POETE.

DÉDIÉ A RUYSDAËL.

Ne perds jamais de vue, ami, ton horizon,
Ne fuis jamais le ciel de ta belle saison,
Bois l'eau de la fontaine et le vin de ta vigne :
N'irrite point ta soif vers une source indigne,
Ne dépasse jamais ce sauvage rocher
Où tu vois tous les soirs le soleil se coucher :
Promène ta Jeunesse avec ta Rêverie
Vers le bois ignoré d'une blanche Égérie ;
Cueille la violette aux lisières du pré
Pour parer au retour quelque sein effaré.
Es-tu las de rêver le long de la charmille ?
Appelle les enfants, ces fleurs de la famille,
Et repose ton cœur dans leurs ébats joyeux.
Au moins, quand pour jamais tu fermeras les yeux,
Tu pourras t'endormir auprès de ta Chimère,
Dans un linceul de lin qu'aura filé ta Mère.

Moi, j'ai fui le pays, moi, rêveur inconstant !
Un beau matin d'avril je partis en chantant,

N'ayant que mon esprit et mon cœur pour ressource :
J'ai déchiré mon cœur au début de la course,
Et mes Illusions, qui me donnaient la main,
Ont laissé mon esprit errer sur le chemin.
Après m'avoir bercé dans toutes leurs magies,
Craignant comme la mort les bruyantes orgies,
Elles ont pris leur vol vers le pays natal,
Et j'ai poursuivi seul mon voyage fatal.

Et puis, qu'ai-je trouvé quand j'ai perdu mes rêves ?
Un désert qui n'était que roches et que grèves,
De volages amis ne donnant que la main,
Des maîtresses d'un jour — plaisirs sans lendemain !
Hélas ! j'ai tout perdu, tout, hormis le rosaire
Où j'égrène mes jours de splendide misère.
Là-bas sur ma montagne, au pays sans souci,
Je chantais pour mon cœur — pour qui chanté-je ici ?
Comme la vierge folle aux robes diaphanes,
Je vais me dévoilant à l'œil des plus profanes ;
Mon cœur est un pays ouvert à tout venant :
Hélas ! qu'y trouve-t-on ? Des tombeaux maintenant.
Pour consolation, j'ai l'âme parfumée
D'ardente poésie. Ah ! mauvaise fumée,
Tu finiras bientôt par ronger l'encensoir !
Mille fois j'aimais mieux celle que, sur le soir,
Je voyais lentement couronner la vallée
Où retourne souvent mon âme inconsolée !

III

LA FENÊTRE.

DÉDIÉ A GREUZE.

Que j'aimais à te voir penchée à la fenêtre,
Me regardant venir, sachant me reconnaître

Entre mille passants! De nos chiens aux aguets
J'entendais de bien loin les jappements plus gais;

Mais j'entendais surtout en mon âme charmée
Se soulever ton sein, ô pâle bien-aimée!

Et, malgré tout l'attrait, j'allais plus lentement,
Caressant à loisir les songes du moment.

Cependant les beaux chiens, que la gaieté transporte,
Par leurs cris suppliants se font ouvrir la porte;

Ils me viennent surprendre, ils me lèchent la main,
Et, retournant vers toi, m'indiquent le chemin.

LA FENÊTRE.

J'arrivais tout ému; toi, toute chancelante,
Tu venais sur le seuil, ô ma belle indolente!

Tes yeux levés sur moi se baignaient de langueur;
Ton cœur tout palpitant répondait à mon cœur.

Et moi, croyant cueillir et baiser une rose,
Je buvais ton amour à ta lèvre mi-close.

Ces temps-là passent vite et c'est déjà fini!
Les ramiers pour jamais s'envolent de leur nid :

Ainsi font mes amours. Ils ont pris leur volée;
Ils ne reviendront pas. Mon âme désolée

N'est plus qu'un noir cyprès où gémira le vent,
Où les oiseaux de nuit iront pleurer souvent.

Oui, ce matin j'ai vu la fenêtre fermée :
Plus de chiens sur le seuil. — Et vous, ô bien-aimée?

IV

CELUI QUI REVIENT.

DÉDIÉ A ANDRÉ CHÉNIER.

Je me suis retourné vers l'aube de mes jours,
J'ai revu cette église où Dieu veille toujours,
Ce toit aimé du ciel, abri de ma famille,
Ce jardin enchanté que défend la charmille,
Ma mère qui pâlit et pleure en me voyant,
Le coin du feu si gai, si doux et si bruyant;
Mon frère l'écolier, qui récite des fables,
Les grands chiens caressants, les serviteurs affables,
Les bocages aimés où chantent les chansons,
La pervenche qui tremble au pied des verts buissons,
Les jeux sous les tilleuls, les chaumières qui fument
Aux bords silencieux des bois qui les parfument;
La laveuse qui jase au détour du lavoir,
Le mouton qui rumine auprès de l'abreuvoir,
La blonde paysanne allant à la fontaine,
Qui s'arrête à l'écho de la ronde lointaine;
Le joyeux cabaret aux dehors agaçants
Dont les chants avinés allèchent les passants,
Et ce champ de luzerne où, tout effarouchée,
O ma brune aux yeux bleus, vous vous êtes cachée!

Et je ne voyais rien. « Ah! me suis-je écrié,
» Tu n'as plus ton autel, église où j'ai prié!
» Qu'es-tu donc devenue, ô joyeuse alouette?
» Je n'entends plus ici chanter que la chouette.
» Ma main en les cueillant se déchire aux bouquets,
» La brume de novembre effeuille les bosquets;
» Tout est morne et désert, mon âme désolée
» Comme une ombre éperdue erre dans la vallée,
» Et pas un gai refrain qui vienne la ravir!
» O vieux rochers moussus que j'aimais à gravir,
» Étang silencieux que l'hirondelle effleure,
» Arbres aimés, témoins des printemps que je pleure,
» Qu'êtes-vous devenus? la mort vous a couverts,
» Vous vous êtes flétris sous le ciel des hyvers. »

Mais un divin rayon a chassé les ténèbres,
Et la Muse m'a dit: « Point de clameurs funèbres,
» Poëte! Le bocage est vert comme autrefois,
» Et les oiseaux chanteurs n'ont point perdu leur voix;
» Comme autrefois encor la paysanne est gaie,
» Sur le seuil de la porte où son enfant bégaie;
» Dans la petite église on va toujours prier;
» Sur le gazon touffu le vieux ménétrier
» Mène encor vaillamment sa danse fantastique,
» Et fait chanter les cœurs sous son archet rustique;
» De ton pays l'amour ne s'est pas envolé:
» Toi seul tu n'aimes plus, poëte désolé! »

LIVRE CINQUIÈME.

LES VERTUS DE NINON.

V

LES VERTUS DE NINON.

I

D'Arabelle à Ninon, j'ai traversé l'abîme.
Dirai-je maintenant à votre esprit moqueur
Combien j'aimais Léa, coquette magnanime,
Qui m'a donné l'amour sans me donner son cœur?
Vous m'avez consolé, ma maîtresse anonyme,
Marquise blanche et fière, amante, amie et sœur!

II

Car je n'ai pas toujours pris, comme Théocrite,
Mon rêve dans l'églogue au corsage abondant;
J'ai d'abord essayé de l'étude hypocrite
Qui, sous son masque noir, cache l'amour ardent :
Faust chercha la Science et trouva Marguerite;
L'étude, c'est la femme, — un livre transcendant!

III

Un soir de carnaval, j'allais à l'aventure,
N'ayant rien dans le cœur; je rencontrai Ninon,
Ninon sans Des Grieux. — La folle créature!
Je lui donnai mon cœur comme l'autre à Manon :
« Veux-tu m'aimer? lui dis-je en prenant sa ceinture;
» Veux-tu m'aimer huit jours?—Huit jours? ni oui, ni non.

IV

» — Montaigne répondrait : *Que sais-je?* Ta folie
» Est comme sa sagesse. Eh bien, ouvre tes bras!
» — Crois-moi, je sais l'amour; ma figure pâlie
» T'en dira les secrets, et tu me comprendras. »
Elle se démasqua, car elle était jolie.
Nous allâmes souper au milieu des hourras.

V

Cette passion-là ne sentait pas la crèche;
Elle était habillée en robe de satin,
Ses yeux étaient de flamme et sa bouche était fraîche,
Elle chantait l'amour le soir et le matin;
Elle avait des senteurs de framboise et de pêche,
C'était une âme d'ange en un corps de — satin. —

VI

Elle apporta chez moi sa pantoufle persane :
Dès cet instant je fus chez elle et non chez moi;

L'enfant prodigue avait trouvé sa courtisane;
J'étais heureux, — heureux sans demander pourquoi !
Ma muse effarouchée — une chaste Suzanne —
Se voilait la figure avec beaucoup d'émoi.

VII

Six semaines durant ce fut un jour de fête ;
O divin carnaval aux rires éclatants !
Je donnais bravement du cœur et de la tête
Dans l'ardente folie où chante le printemps ;
C'est que Ninon était spirituelle et bête...
Mais qu'est-ce que l'esprit ? Une bouche et des dents.

VIII

Le cœur tout débordant d'amour et de jeunesse,
Nous n'avions tous les deux pas d'autre argent comptant.
Mais nous n'y songions pas. Achète-t-on l'ivresse
Que Dieu verse à longs flots dans un sein palpitant ?
Ninon ne portait pas un blason de duchesse,
Mais comme elle habillait sa robe au pli flottant !

IX

A l'heure du dîner un jour Ninon m'appelle :
« Ma robe est déchirée ! — Eh bien ! ne la mets pas.
» — Que dirait ma vertu ? — Tu n'en es pas moins belle,
» Étant moins habillée. En s'ouvrant, tes beaux bras
» M'ouvrent le paradis : Ève comme Cybèle
» S'en allait les bras nus et ne rougissait pas. »

X

Pour Ninon, cependant, l'or tombait de ma plume,
Mais elle détournait la plume de ma main,
Me disant : « Ne fais pas de ton cœur une enclume,
« En le frappant ainsi d'un travail surhumain ;
» Est-ce pour le public que mon amour l'allume ?
» Aimons-nous aujourd'hui, j'ai peur du lendemain. »

XI

Je laissais mon génie au fond de l'écritoire,
Je me croisais les bras — sur le cou de Ninon,
Et mes dents dénouaient sa chevelure noire :
« Le huitième péché mortel, c'est toi. — Moi ! non,
» Je n'ai que des vertus, c'est acquis à l'histoire. »
J'inscrivais ces vertus au livre de Zénon :

LES CINQ VERTUS DE NINON.

Ninon est jeune : elle a vingt ans.
Son sein est taillé dans le marbre ;
On y voit un fruit de printemps,
Plus beau que n'en porte aucun arbre.

Ninon est belle : elle a des yeux
Plus doux que l'Hébé d'Olympie,
Des cheveux ondés et joyeux
Comme la Vénus accroupie.

Ninon est gaie : elle a des dents
Qui sont des perles dans des roses ;
Ses yeux sont encor plus mordants :
O les beaux rires bleus et roses !

Ninon est bête ; elle n'écrit
Que dans son cœur un mauvais livre ;
Mais sa bouche a bien plus d'esprit
Que Platon, puisqu'elle m'enivre.

Ninon est folle : elle a raison,
De la sagesse elle se joue,
Car la folie est de saison
Quand avril fleurit sur la joue.

XII

Tout finit ! — Et l'amour prit un jour sa volée
Par la fenêtre ouverte. — On n'aimait déjà plus !
« Adieu ! lui dis-je, adieu ! vous êtes consolée ;
» Allez chercher ailleurs l'Océan dans son flux ;
» Ou plutôt, ô Ninon ! ma charmante affolée,
» Restez, c'est moi qui pars ; que d'autres soient élus ! »

XIII

J'allai courir le monde à Spa, Bade et Genève,
Gardant de cet amour des souvenirs ardents,
Cherchant une autre femme où pût vivre mon rêve,
Trouvant quelques corsets et pas un cœur dedans ;
J'allai jusqu'à la mer m'abattre sur la grève,
Ne voulant plus rien mordre avec de bonnes dents.

XIV

Je revins à Ninon vers la fin de septembre,
En songeant que l'amour a ses soleils couchants.
« Monsieur, me dit mon groom, il est trop tard ; la chambre
» Où madame éclatait dans ses accords touchants
» Vous n'y trouverez plus, hélas ! qu'une odeur d'ambre ;
» Car elle s'est enfuie avec la clef — des champs. »

XV

Ainsi parla mon groom dans sa langue choisie.
Je voulus le chasser, mais il lisait Rousseau.
D'une vive douleur mon âme fut saisie,
Je n'avais guère aimé Ninon qu'à vol d'oiseau ;
Mais je sentis l'amour avec la jalousie,
Et mon âme sous moi ploya comme un roseau.

XVI

J'avais une autre clef : — jalousie indiscrète !
Mais je craignis d'ouvrir un sépulcre vivant.
Je n'osai pas revoir l'amoureuse retraite,
Ce doux nid où nos cœurs avaient battu souvent,
Où l'amant qui sourit et l'amante distraite
S'étaient plus d'une fois oubliés en rêvant !

XVII

Cependant un matin je monte quatre à quatre,
— Un jour d'automne, un jour de pluie, un triste jour ! —

Pâle comme la mort, écoutant mon cœur battre,
Riant de ma folie et pleurant tour à tour.
J'ouvre enfin cette porte, et mon âme idolâtre
Se répandit partout comme un rayon d'amour.

XVIII

Ma rieuse Ninon, qu'êtes-vous devenue ?
Voilà votre pantoufle, ô douce Cendrillon !
Promenez-vous au loin votre vérité nue,
Puisque aussi bien je trouve ici ce cotillon ?
Courez-vous la montagne ou courez-vous la rue ?
A quel doux coin du feu chantez-vous, cher grillon ?

XIX

Je baisai sa pantoufle avec un cri de joie,
Je pressai tendrement ses robes sur mon cœur ;
Comme je promenais mes lèvres sur la soie !
— Ombre de mon amour, reviens-moi sans rancœur !
Où donc es-tu, Ninon ? Il faut que je revoie
Tes yeux sous leurs cils noirs et ton rire moqueur.

XX

Tout à coup une lettre ouverte et chiffonnée
Frappe mes yeux : Ninon avait le cœur savant,
Mais ne griffonnait guère ; elle n'était pas née
A l'hôtel Rambouillet ; il lui fallait souvent,
Pour traduire son cœur, toute une matinée :
Mais comme elle écrivait, dans le style émouvant !

XXI

Or, voici cette lettre : « *Adieu, car je veux vivre,*
» *Et je mourais ici... Je vais chercher ailleurs*
» *Si mon cœur bat encor : mets cela dans un livre...* »
Je baisai cet adieu qu'avaient mouillé ses pleurs.
— Ninon, où donc es-tu? Ninon, je veux te suivre,
Mon doux oiseau parti pour les pays meilleurs.

XXII

Après avoir saisi son douloureux fantôme,
Je quittai cette chambre avec déchirement,
Je courus par la ville enivré de l'arome
Que verse dans le cœur un souvenir charmant,
Cherchant Ninon partout, femme, rayon, atome,
Sans pouvoir retrouver son doux enchantement.

XXIII

Le soir, je m'en revins avec la mort dans l'âme ;
J'avais relu cent fois son billet enfiévrant,
Je croyais assister au dénoûment d'un drame.
Où la chercher, la belle au regard pénétrant?
Ne la verrai-je plus, la femme trois fois femme,
La divine folie où mon cœur se reprend ?

XXIV

N'ayant plus pour lutter ni vouloir ni vaillance,
« Allons là-haut, » me dis-je. Et je pris un flambeau.

Je montai lentement; mon âme en défaillance
N'espérait plus trouver ce qui lui fut si beau.
Mon cœur battait, pourtant j'entendais le silence
Me chanter tristement sa chanson du tombeau.

XXV

Je rouvre en tressaillant cette porte ignorée,
Qui cachait le passé, peut-être l'avenir.
Mais que vois-je? Ninon, Ninon tout éplorée :
« Ninon, est-ce bien vous? — Ami, pourquoi venir?
» — Ninon, chère Ninon, c'est toi, mon adorée!
» Que viens-tu faire ici? — Je viens me souvenir!

XXVI

» — Ninon, te souviens-tu de nos folles journées?
» Que nous avions le cœur près des lèvres, Ninon!
» — Ah! oui, je me souviens des fraîches matinées
» Où je te disais *oui* quand tu me disais *non*,
» Et de nos belles nuits de joie illuminées,
» Où mon cœur éperdu ne disait que ton nom.

XXVII

» Ninon, te souviens-tu des heures de paresse
» Qui passaient sur nos cœurs plus vite que le vent?
» — Ah! oui, je me souviens! Je sens encor l'ivresse
» Qui couronnait mon front sous ton baiser savant.
» — Tu n'as pas oublié, Ninon, chère maîtresse!
» Ce balcon où minuit nous surprenait souvent? »

XXVIII

Dans ses bras je tombai tout éperdu ; — son âme
Me brûla d'un tel feu que j'en tressaille encor ; —
Si vous nous aviez vus, vous auriez vu la flamme
Courir autour de nous en jets d'azur et d'or ;
Dans nos cœurs qui battaient l'amour chantait sa gamme,
Je croyais retrouver tout mon divin trésor.

XXIX

Eh bien, non, ce fut tout ! — Après cette secousse,
Et tout anéantie en cet embrassement,
Ninon me prit la main, et d'une voix plus douce
Que la brise du soir sur la mer s'endormant :
« Adieu, dit-elle, adieu ! je pars, le vent me pousse
» Au pays désolé du désenchantement.

XXX

» Adieu, je sais l'amour : dans ma luxuriance,
» En mon cœur agité j'ai souvent descendu :
» Fille d'Ève, j'ai vu l'Arbre de la Science,
» Et j'ai porté ma bouche à tout fruit défendu ;
» Je suis trop familière avec l'Expérience
» Pour vouloir retrouver l'Amour, s'il est perdu.

XXXI

» Adieu, ne pleure pas, ne pleurons pas : j'emporte
» Un divin souvenir de cet amour si beau.

» Reviendrai-je, qui sait? Oui, si le vent m'apporte
» Un doux parfum des jours que Dieu bénit là-haut. »
Elle dit — et s'enfuit comme un songe — et la porte
Se ferma sur mon cœur comme sur un tombeau. —

XXXII

Elle ne revint plus! — Sage comme Aspasie,
Cette folle savait qu'il fallait en finir,
Que nous avions vidé la coupe d'ambroisie,
Et que de notre amour nous devions nous bannir
Pour en garder au moins l'austère poésie,
Hymne imprégné de pleurs qu'on nomme Souvenir!

XXXIII

Je ne l'ai pas revue! Où donc est-elle allée?
Quelquefois, à minuit, dans le funèbre chœur
Des pâles visions, elle vient désolée;
Elle penche sur moi son doux masque moqueur :
« C'est moi, mon cher amour! — C'est toi, mon affolée! »
Et ses larmes encor me vont jusques au cœur.

LIVRE SIXIÈME.

LA POÉSIE DANS LES BOIS.

VI

LA POÉSIE DANS LES BOIS.

I

AUX POETES.

DÉDIÉ A LA FONTAINE.

Quand la faux va crier dans les foins et les seigles,
    Fuyez, poëtes ennuyés ;
Libres de tout souci, prenez le vol des aigles ;
    Fuyez l'autre Babel, fuyez !
Allez vous retremper dans quelque solitude,
    Au bord du bois silencieux,
Où vous retrouverez la Muse de l'Étude
    Cherchant l'Infini dans les cieux.

Théocrite et Virgile ont soulevé la gerbe ;
    S'ils chantaient la belle saison,

C'était cheveux au vent, les pieds cachés dans l'herbe,
    L'âme perdue à l'horizon.
La Fontaine suivait la Fable, sa compagne,
    Les pieds dans les pleurs du matin,
Dans quelque coin touffu de l'agreste Champagne,
    Par les bois où fleurit le thym.
Jean-Jacque étudiait, allant à l'aventure,
    A travers vallons et forêts;
Si toujours dans son livre on sent bien la nature,
    C'est qu'il en chercha les secrets.
Voltaire s'exilait pour vivre en solitaire;
    Chez lui le soc fut en honneur,
Et Buffon à Ferney surprit le vieux Voltaire
    Portant la faulx du moissonneur.
Diderot travaillait pour la grande famille,
    A l'ombre fraîche des halliers;
Boileau, Boileau lui-même, avait une charmille,
    Des arbres et des espaliers.

Poëtes essoufflés, si vous voulez renaître,
    Si la ruche manque de miel,
Allez donc voir ailleurs que par votre fenêtre
    Ce qui se passe sous le ciel.
Que faites-vous là-bas, insensés que vous êtes?
    Enfumés comme des Lapons,
Vous contemplez le monde en lisant les gazettes,
    Les astres en passant les ponts.
Vous cherchez, dites-vous, l'Amour et la Science;
    Vous ne trouvez que tourbillons.
L'Amour! le cherchez-vous dans son insouciance?
    Courez les prés et les sillons.

AUX POETES.

La Science? pour vous la Science est amère,
    C'est un fruit que Dieu nous défend;
C'est la mort, ou plutôt c'est la mauvaise mère
    Qui n'allaite pas son enfant!

Vous vendez les faveurs de la fille d'Homère,
    La blanche Muse aux tresses d'or;
Vous avez profané cette sainte chimère,
    Qui, malgré vous, nous aime encor.
Vous vous faites marchands et vous ouvrez boutique :
    Pour vous l'art n'est plus qu'un état;
Si Dieu vous demandait pour lui-même un cantique,
    Il faudrait qu'il vous l'achetât!
Vous voulez des palais où l'esprit s'abandonne
    A tout ce qui brille ici-bas;
Mais le luxe du cœur, ce que le ciel vous donne,
    Aveugles, vous n'en voulez pas!
Corneille, le grand maître aux scènes immortelles,
    Aimait le toit humble et béni,
La fenêtre où l'hiver seul suspend des dentelles,
    Où le printemps apporte un nid.

L'art succombe; l'artiste est à peine un manœuvre
    Qui sans haleine va toujours;
La petite monnaie est l'âme de toute œuvre
    Qui se fait en ces tristes jours.
Que deviennent les fleurs de ce terroir si riche
    Qui se déroulait sous nos pas?
Hélas! depuis vingt ans c'est en vain qu'on défriche,
    Les épis ne mûriront pas.
Fuyez ce vain renom qui se paye à la ligne,

Allez reposer votre esprit
Au bord de quelque bois, au pied de quelque vigne,
Où Zeus, le grand poëte, écrit.
Créateurs effrénés, du Créateur suprême
Que ne suivez-vous les leçons?
Ce n'est pas en un jour qu'il finit le poëme
Des vendanges et des moissons.
Cybèle aux blonds cheveux, notre mère féconde,
Sème ses trésors à pas lents;
Elle aime à s'appuyer, pour traverser le monde,
Sur le cou des bœufs indolents.

II

LA MUSE RUSTIQUE.

DÉDIÉ A POUSSIN.

ADIEU A PARIS.

Adieu, Paris, adieu, ville où le cœur oublie !
 Je reconnais le chemin vert
Où j'ai quitté trop tôt ma plus douce folie;
 Salut, vieux mont de bois couvert !

J'ai perdu dans ces bois les ennuis de la veille;
 J'ai vu refleurir mon printemps;
Après un mauvais rêve enfin je me réveille
 Sous ma couronne de vingt ans !

C'est au milieu des bois, c'est au fond des vallées,
 Qu'autrefois mon âme a fleuri,
C'est à travers les champs que se sont envolées
 Les heures qui m'ont trop souri !

Les heures d'espérance! adorables guirlandes
    Qui se déchirent dans nos mains
Quand nous touchons du pied le noir pays des landes
    Familier à tous les humains.

Ne trouverai-je pas le secret de la vie,
    Seul, libre, errant au fond des bois,
A la fête suprême où le ciel me convie,
    A la source vive où je bois?

Ignorant! je lisais gravement dans leur livre;
    Maintenant que je vais rêvant,
Dans la verte forêt mon cœur rapprend à vivre
    Et mon cœur redevient savant.

Approchez, approchez, Visions tant aimées;
    Comme la biche au son du cor,
Vous fuyez à ma voix sous les fraîches ramées,
    Et pourtant je suis jeune encor.

Vous fuyez! Et pourtant vous n'êtes pas flétries,
    Sous ce beau ciel rien n'est changé :
J'entends chanter encor le pâtre en ses prairies,
    Et dans les bois siffler le geai.

Ah! ne vous cachez pas, ô Nymphes virginales!
    Sous les fleurs et sous les roseaux.
Suspendez, suspendez vos courses matinales,
    Sirènes, montez sur les eaux!

Amour, Illusion, Chimère, Rêverie,
  Sans moi vous allez voyager.
Arrêtez! Vous fuyez? Adieu! Dans ma patrie
  Je ne suis plus qu'un étranger.

Il ne s'arrête pas, blondes enchanteresses,
  Votre cortége éblouissant.
Heureux sont les amants, heureuses les maîtresses,
  Que vous caressez en passant.

III

PAGE DE LA BIBLE.

DÉDIÉ A ALBERT DURER.

I

J'écoutais doucement tous les bruits d'alentour :
    Les murmures de la fontaine,
Le clair mugissement des vaches au retour,
    Les voix de la cloche lointaine ;

Le cri du laboureur qui finit un sillon,
    Le vol amoureux des verdières,
Le chant du rossignol, le conte du grillon
    Et le battoir des lavandières.

A peine si la brise agitait les roseaux ;
    Les hirondelles revenues
Se miraient en passant dans le miroir des eaux
    Et s'envolaient avec les nues.

Les jeunes écoliers, redevenus enfants,
    Loin du maître au regard sévère,
S'en allaient dans les prés bondir comme des faons
    Pour moissonner la primevère.

II

Tout à coup j'entrevis aux marges du chemin,
    Comme un roseau fragile,
Une fille aux yeux bleus balançant à la main
    Une cruche d'argile.

Son front presque voilé s'inclinait mollement
    Aux flots des rêveries,
Son petit pied distrait glissait nonchalamment
    Dans les herbes fleuries.

Le vent sur son épaule avait éparpillé
    Sa fauve chevelure;
Une pervenche ornait son blanc déshabillé :
    Une agreste parure!

Au bord de la fontaine elle s'agenouilla
    Sur une pierre antique :
Et plus allègrement le bouvreuil gazouilla
    Son amoureux cantique.

III

Survint un mendiant qui n'avait pour ami
    Qu'un bâton noueux pris au chêne;
Son corps émacié s'inclinait à demi
    Vers sa fosse déjà prochaine.

Résigné dans sa peine, aux branches d'un bouleau
　　Suspendant sa besace vide,
Le vieillard épuisé sur la face de l'eau
　　Promena son regard avide.

Dans sa main il voulut boire, ce fut en vain ;
　　Et, voyant sa peine, la belle
Offrit sa cruche avec un sourire divin :
　　« Buvez, mon père, » lui dit-elle.

Spectacle des vieux jours dont mon cœur fut charmé !
　　Pur souvenir des paraboles !
Se couchant dans les fleurs, le doux soleil de mai
　　Lui ceignit le front d'auréoles.

IV

LE CHEMIN DE LA VIE.

DÉDIÉ A SAINT AUGUSTIN.

La vie est le chemin de la mort. Le chemin
N'est d'abord qu'un sentier fuyant par la prairie,
Où la mère conduit son enfant par la main,
  En priant la Vierge Marie.

Aux abords du vallon, le sentier des enfants
Passe dans un jardin. Rêveur et solitaire,
L'adolescent effeuille et jette à tous les vents
  Les roses blanches du parterre.

Quand l'amoureux s'égare en ce bosquet charmant,
Il voit s'évanouir ses chimères lointaines,
Et le démon du mal l'entraîne indolemment
  Au bord des impures fontaines.

Plus loin, c'est l'arbre noir — détourne-toi toujours,
L'arbre de la science où flottent les mensonges :
Garde que ses rameaux ne voilent tes beaux jours,
    Et n'effarouchent tes beaux songes.

En quittant le jardin, la fleur et la chanson,
La Jeunesse et l'Amour qui s'endorment sur l'herbe,
Le voyageur aborde au champ de la moisson,
    Où son bras étreint une gerbe.

De sa moisson il va bientôt se reposer
Sur la blonde colline où les raisins mûrissent ;
Pour la coupe enivrante il retrouve un baiser
    A ses lèvres qui se flétrissent.

Plus loin, c'est le désert, le désert nébuleux,
Parsemé de cyprès et de bouquets funèbres ;
Enfin, c'est la montagne aux rochers anguleux,
    D'où vont descendre les ténèbres.

Pour la gravir, passant, Dieu te laissera seul.
Un ami te restait, mais le voilà qui tombe ;
Adieu ; l'oubli de tous t'a couvert du linceul,
    Et tes enfants creusent ta tombe !

O pauvre pèlerin ! il s'arrête en montant ;
Et, se voyant si loin du sentier où sa mère
L'endormait tous les soirs sur son sein palpitant,
    Il essuie une larme amère.

Se voyant loin de vous, paradis regrettés,
Dans un doux souvenir son cœur se réfugie :
Se voyant loin de vous, ô jeunes voluptés!
    Il chante une vieille élégie.

En vain il tend les bras vers la belle saison,
Il jette des sanglots au vent d'hiver qui brame ;
Il a vu près de lui le dernier horizon,
    Déjà Dieu rappelle son âme.

Quand il s'est épuisé dans le mauvais chemin,
Quand ses pieds ont laissé du sang à chaque pierre,
La mort passe à propos pour lui tendre la main
    Et pour lui clore la paupière.

V

LA SYMPHONIE DU PRINTEMPS.

DÉDIÉ A RONSARD.

I

Le printemps! le printemps! la magique saison!
Le ciel sourit de joie à la jeune nature,
L'aube aux cheveux dorés s'éveille à l'horizon,
Dieu d'un rayon d'amour pare sa créature.

Avril a déchiré le manteau de l'hyver;
Les marronniers touffus dressent leurs grappes blanches :
Partons! le soleil luit et le chemin est vert,
Les feuilles et les fleurs frémissent sur les branches.

Les espaliers neigeux parfument les hameaux;
Le pommier tremble et verse une pluie odorante;
Dans sa séve, le pampre étend ses verts rameaux,
Et promet une grappe à la coupe enivrante.

La chaumière qui fume a pris un air vivant,
A l'espoir des moissons elle vient de renaître ;
Le pâle liseron grimpe à son contrevent ;
Pour voir le blé qui pousse, elle ouvre la fenêtre.

Au bout de ce vieux parc, dans l'étang du château,
Un groupe épanoui se promène en nacelle ;
Que de grâce ! on dirait la barque de Watteau,
Où l'amour se suspend, où l'esprit étincelle.

Dans le lointain brumeux, un vieux clocher flamand
S'élève avec notre âme aux régions divines,
Tandis qu'un doux signal, un joyeux aboiement,
Nous appelle à la ferme, au-dessus des ravines.

Dans les prés reverdis le troupeau reparaît :
Le jeune pâtre chante et sculpte une quenouille,
La vache qui nous voit jette un regard distrait,
Le grand bœuf nonchalant sommeille et s'agenouille.

Que cachent ces haillons sur le bord du ruisseau ?
Un jeune vagabond secouant sa misère,
Émiettant son pain bis pour son ami l'oiseau,
Et de sa vie oisive égrenant le rosaire.

La blonde au teint bruni, qui lave dans le gué,
Chante un vieil air de mai d'une voix printanière ;
Au bout de son sillon, le cheval fatigué
L'écoute, et, hennissant, agite sa crinière.

L'hiver avait glacé mon cœur sous son linceul,
Je voyais s'effeuiller l'arbre des espérances;
Je n'attendais plus rien du monde où j'étais seul,
Et je prenais la main de mes sœurs les Souffrances.

Le printemps en mon cœur revient après l'exil,
Ramenant sur ses pas mille blanches colombes,
Et mon cœur refleurit aux doux soleils d'avril :
L'herbe n'est-elle pas plus verte sur les tombes?

II

Un rayon de soleil se brise
Sur la branche et sur les buissons.
Je m'assieds à l'ombre, où la brise
M'apporte parfums et chansons :

Parfum de la fraise rougie
Qui tremble sur le vert sentier;
Chanson — palpitante élégie —
De l'oiseau sur le chêne altier;

Parfum de la rose sauvage,
Doux trésor du pâtre amoureux;
Chanson égayant le rivage,
Qui parle à tous les cœurs heureux;

Parfum de la source qui coule
Dans un lit de fleurs ombragé ;
Chanson du ramier qui roucoule,
Et me chante l'amour que j'ai ;

Parfum de l'herbe qui s'emperle
A la brume des soirs d'été ;
Chanson éclatante du merle,
Qui bat de l'aile en sa gaieté ;

Parfum de toute la nature,
Fleur, arome, ambroisie et miel,
Chanson de toute créature,
Qui parle de la terre au ciel.

III

Là-bas, à l'ombre des ramures,
Où le ramier bleu fait son nid,
La voyez-vous cueillant des mûres,
La moissonneuse au cou bruni ?

Se croyant seule, elle dénoue
Et répand ses cheveux dorés,
Qui voilent à demi sa joue
Sans cacher ses yeux azurés.

Et, sa faucille sur l'épaule,
Elle rejoint, tout en chantant,
Le moissonneur qui sous le saule
Aiguise sa faulx et l'attend.

— Bonjour, Jeanne la bien-aimée,
Comme tu sens bon, ce matin !
— Je sens l'odeur de la ramée,
Sous laquelle fleurit le thym.

— Non, je respire sur ta joue
La fraîche odeur de tes vingt ans.
— Non, c'est l'herbe où mon pied se joue
Qui verse un parfum du printemps.

— Que chantais-tu sous la feuillée,
Bel oiseau bleu de la moisson ?
— L'amour à mon âme éveillée
Apprenait déjà sa chanson.

VI

DIEU.

Nature féconde en merveilles,
Nature, mère des humains,
Qui nous allaites, qui nous veilles,
Et qui nous berces de tes mains,
A mes pieds effeuille une rose,
— Égrène un épi mûr, — arrose
Sous la grappe ma lèvre en feu;
Pour sanctifier mon délire,
D'un rayon couronne ma lyre,
O Soleil! je vais chanter Dieu.

Chanter Dieu, profane poëte!
Penche ton front sur le chemin;
Que longtemps ta lyre muette
Fatigue ton cœur et ta main...
Je chanterai! ma poésie
Est une fleur que j'ai choisie

Dans un Éden du ciel aimé;
Elle a pu fleurir pour la terre,
Mais elle lève, solitaire,
Vers Dieu son calice embaumé.

Après une course lointaine,
Je vais m'asseoir sur le penchant
Du mont où brille la fontaine
Aux rayons du soleil couchant;
Et mon âme prend sa volée
Dans les splendeurs de la vallée,
Abeille butinant son miel :
Elle s'arrête avec ivresse
Pour ouïr l'hymne d'allégresse
Que la Nature chante au Ciel.

Allez donc, âme vagabonde !
Respirez autour des buissons
Dans le sentier où l'herbe abonde,
Au bruit des naïves chansons,
Cueillez vos belles rêveries
Sur le bord touffu des prairies;
Tandis que jase le grillon,
Bercez-vous dans la marjolaine
Auprès du cheval hors d'haleine
Qui hennit au bout du sillon.

Jeanne la brune, aux pieds du pâtre,
Au nouveau-né donne son sein,

Gamelle qui n'est pas d'albâtre,
Mais que Dieu fit grande à dessein ;
Bras nus et jambe découverte,
Margot lave sa jupe verte,
Le meunier l'embrasse en passant.
Là-bas, dans son insouciance,
L'écolier, cherchant la science,
Secoue un arbre jaunissant.

L'écolière, comme une abeille,
A chaque pas prend un détour
Pour recueillir dans sa corbeille
Ces bouquets si doux au retour !
Prends garde, ô ma pauvre écolière !
Que ta corbeille hospitalière
N'accueille ce serpent maudit
Qui surprit Ève, ta grand'mère,
Et lui vanta la pomme amère
Si bien ; hélas ! qu'elle y mordit.

Voyez dans la villa rustique,
Un joyeux enfant à la main,
Ce vieillard au front prophétique
Qui bénit Dieu sur son chemin :
Il a, durant des jours prospères,
Labouré le champ de ses pères.
Du travail recueillant le fruit,
Il attend que la mort l'endorme
Près de l'église et du vieux orme,
Un soir, sous un beau ciel, sans bruit.

Plus loin, sous l'arbre de la rive,
Le front penché languissamment,
La pâle délaissée arrive
Pour rêver seule à son amant.
Son regard se perd dans l'espace,
Chaque flot agité qui passe
Conseille à son cœur d'espérer.
Dans le bocage une voix chante
La ballade grave et touchante
Qui la fait sourire et pleurer.

Près de l'étang où la colombe
Secoue une plume en passant,
Je vois un vêtement qui tombe
Comme un nuage éblouissant :
La belle duchesse est venue
Pour le bain. Elle serait nue
Sans sa mantille de cheveux ;
Elle descend dans l'herbe épaisse ;
Le rameau sur elle s'abaisse
Pour voiler ses seins amoureux.

Elle a détourné la broussaille
Qui retenait son pied d'argent ;
Elle glisse, l'onde tressaille
Et baise son beau corps nageant.
Si Phidias, le dieu du marbre,
Était là caché sous un arbre !
J'entends du bruit : est-ce un amant ?
Descendra-t-il une nuée ?

Car la ceinture est dénouée,
Et l'Amour dit un air charmant.

Mais, comme Suzanne la chaste,
Elle trouve un voile dans l'eau,
Dont la face verte contraste
Avec son cou. Divin tableau !
Elle fuit avec l'hirondelle,
Qui va l'effleurant d'un coup d'aile ;
L'onde suit avec un frisson ;
L'amant attend sous la ramée,
Et l'Amour dit : « Ô bien-aimée !
En serai-je pour ma chanson ? »

Là-bas ces belles matineuses,
Fuyant le parc et ses grands murs,
Comme de blondes moissonneuses
M'apparaissent dans les blés mûrs.
O visions de ma jeunesse,
Faites que mon âme renaisse
A ses rêves de dix-huit ans !
A la fourmi laissons les gerbes,
O cigales, les folles herbes
Sont notre moisson du printemps.

— Mais tu t'égares, ô mon âme !
Est-ce ainsi qu'il faut chanter Dieu ?
— J'ai chanté le sublime drame,
L'or des moissons sous le ciel bleu ;

Le poëte effeuillant son rêve
Aux paradis des filles d'Ève;
Le pâtre dans sa liberté,
L'enfant qui joue avec son père,
L'amante dont le cœur espère...
Mon Dieu, ne t'ai-je pas chanté?

VII

LE PREMIER GIVRE.

DÉDIÉ A WYNANTZ.

L'hyver est sorti de sa tombe,
Son linceul blanchit le vallon ;
Le dernier feuillage qui tombe
Est balayé par l'aquilon.

Nichés dans le tronc d'un vieux saule,
Les hiboux aiguisent leur bec ;
Le bûcheron sur son épaule
Emporte un fagot de bois sec.

La linotte a fui l'aubépine,
Le merle n'a plus un rameau ;
Le moineau va crier famine
Devant les vitres du hameau.

Le givre que sème la bise
Argente les bords du chemin ;
A l'horizon la nue est grise :
C'est de la neige pour demain

Une femme de triste mine
S'agenouille seule au lavoir ;
Un troupeau frileux s'achemine
En ruminant vers l'abreuvoir.

Dans cette agreste solitude,
La mère, agitant son fuseau,
Regarde avec inquiétude
L'enfant qui dort dans le berceau.

Par ses croassements funèbres
Le corbeau vient semer l'effroi,
Le temps passe dans les ténèbres,
Le pauvre a faim, le pauvre a froid :

Et la bise, encor plus amère,
Souffle la mort. — Faut-il mourir ?
La nature, en son sein de mère,
N'a plus de lait pour le nourrir.

VIII

ADIEU AUX BOIS.

Bruyères, 15 novembre 1845.

Bois où je voudrais vivre, il faut vous dire adieu !

Depuis l'aube égayant les moissons ondoyantes,
Jusqu'au soleil pâli des vendanges bruyantes,
J'ai voulu contempler le grand œuvre de Dieu.

Au bois j'ai vu passer, avec ma rêverie,
L'altière chasseresse et la chaste Égérie ;
J'ai vu faucher le trèfle à l'ombre du moulin ;

J'ai vu dans les froments la moissonneuse agile,
Telle que la chantaient Théocrite et Virgile,
Presser la gerbe d'or sur son corset de lin ;

J'ai vu, quand les enfants se barbouillaient de mûres,
La vendangeuse aller aux grappes les plus mûres,
Et répondre aux amants par un rire empourpré :

Le vin coule au pressoir, le vigneron est ivre,
Le regain est fauché ; j'ai vu le premier givre
Frapper le bois ; la neige ensevelit le pré.

Je pars, je vais revoir l'amitié qui m'oublie,
Ton peintre et ton poëte, ô charmante Ophélie !
Beau rêve de Shakspeare en ces deux cœurs tombé ;

Sainte-Beuve, qui pleure un autre Sainte-Beuve,
Hugo, Vigny, Musset, Banville, urnes du fleuve
Qui verse l'ambroisie aux rêveurs, comme Hébé.

Gérard le voyageur m'écrira du Méandre,
Valbreuse me dira : Trente ans ! adieu, Léandre ;
Ariel à Paris me parlera du Rhin.

Gautier, d'un fourreau d'or tirant un paradoxe,
Viendra te battre en brèche, ô sottise orthodoxe !
De Philine et Mignon je rouvrirai l'écrin.

Esquiros, Thoré, Süe, armés de l'Évangile,
Bâtiront sous mes yeux leur Église fragile
Avec Saint-Just pour saint et pour Dieu Jésus-Christ.

La Fayette, amoureux de poésie ardente,
M'allumera l'enfer de son aïeul le Dante :
Janin, Karr et Gozlan diront : Voilà l'esprit !

Lamartine au banquet de Platon me convie ;
Sand, Balzac et Sandeau me conteront la vie ;
Grisi va me verser les perles de sa voix.

Point d'hyver à Paris! car s'il pleut ou s'il neige,
J'irai voir le soleil au Louvre dans Corrége,
Ou dans votre atelier, Diaz, Decamps, Delacroix!

Oui, je retourne à toi, poétique bohème,
Où dans le nonchaloir on fait un beau poëme
Avec un peu d'amour tombé du sein de Dieu.

Bois où je voudrais vivre, il faut vous dire adieu!

LIVRE SEPTIÈME.

L'AME DE LA MAISON.

VII

L'AME DE LA MAISON.

LE RIVAGE.

I

Mon cœur, mon pauvre cœur, plus fier après l'orage,
Où le poëte lit les hymnes de l'amant,
Arche sainte passant à travers le naufrage
Et qui gardes toujours le divin sentiment ;
Mon cœur blessé, reprends une heure de courage,
Et me chante ta joie et ton déchirement.

II

Mais pourquoi redescendre aux sphères ténébreuses ?
Ma Béatrix est là qui, de sa chaste main,
Me ferme du passé les portes douloureuses
Et me montre l'Amour au flambeau de l'Hymen.
Le poëte, c'est elle, et ses œuvres heureuses
Sont les petits enfants qui chanteront demain.

LA FEMME.

III

N'avez-vous pas vu, drapée en chlamyde,
Une jeune femme aux cheveux ondés,
Qui prend dans le ciel son regard humide,
Car elle a les yeux d'azur inondés?

Son front souriant qu'un rêve traverse
N'est pas couronné; mais elle a vingt ans!
Et sur ce beau front la jeunesse verse,
Verse à pleines mains les fleurs du printemps.

Cette femme est belle entre les plus belles!
Je ne suis pas seul à la voir ainsi;
Ne dirait-on pas un rêve d'Apelles
Que réalisa Corrége ou Vinci?

Un jour de soleil, Dieu, le seul grand maître,
La prit dans son sein, son sein radieux!
En son Paradis il la voulait mettre,
Mais la curieuse a quitté les cieux.

Soudain la peinture et la statuaire
Ont saisi l'accent de cette beauté,
Et dans sa maison, un vrai sanctuaire,
Son charmant portrait est peint et sculpté.

Mais tous ces portraits que le talent signe
Rappellent-ils bien le charme infini
De ce pur profil, de ce cou de cygne,
Désespoir de l'art, — l'art du ciel banni !

Savez-vous pour qui bat ce cœur rebelle,
Pour qui ce front pur luit d'un si beau jour,
Pour qui sa beauté semble encor plus belle?
L'amour ose-t-il lui parler d'amour?

Savez-vous pour qui fleurit cette rose,
Cette lèvre où chante un son si charmant,
Et pour qui son cœur, en parlant en prose,
Est toujours poëte? A-t-elle un amant?

Je l'ai vue hier : la valse insensée
Dans ses tourbillons l'entraînait sans lui ;
Mais triste elle était toute à sa pensée;
Pour lui dans sa chambre elle est aujourd'hui.

Il est sur son cœur qui commence à battre ;
Il lui parle en maître et porte la main
De ses noirs cheveux à son sein d'albâtre;
Va-t-il rester là jusques à demain ?

Dans la solitude et sous la ramée,
La biche aux doux yeux joue avec le faon :
Elle joue ainsi, cette belle aimée,
Et n'en rougit pas, — car c'est son enfant!

LA MÈRE.

IV

Il est un tableau du Corrége
Que j'ai vu naguère à Milan ;
Je disais : Que ne donnerais-je
Pour le revoir une fois l'an !

C'est la Mère de Dieu qui joue
Avec son doux enfant Jésus.
Qu'il est joli ! Comme sa joue
Fleurit sous les baisers reçus !

Il lève ses petits pieds roses
Jusque sur le sein virginal ;
On dirait un bouquet de roses
Tombé du brouillard matinal.

Ce tableau qui ravit mon âme,
Ce chef-d'œuvre où j'ai tant rêvé,
Chez moi, grâce à vous, chère femme,
Au coin du feu je l'ai trouvé.

L'HEURE CUEILLIE.

V

On était aux beaux soirs de la belle saison :
La cigale en chantant dansait sur la prairie,
La rosée emperlait la luzerne fleurie,
Déjà le ver luisant étoilait le gazon ;

Nous avions dépassé la rustique maison,
Notre barque fuyait avec ma rêverie,
Et, ta main dans la mienne, ô ma blanche Égérie !
Nous nous laissions aller vers un doux horizon.

C'était l'heure sereine où toute créature
Prend sa part de la vie, ô féconde Nature !
L'oiseau dans sa chanson, l'abeille dans son miel.

Je prenais un baiser par chaque coup de rame,
Et, comme un pur encens qui monte dans le ciel,
Le parfum de l'amour s'envolait de notre âme.

L'HEURE ENVOLÉE.

VI

Ah ! la Muse, c'est vous, ange, chimère et femme,
Qui parfumez mon seuil des fleurs de la saison,
Qui me parlez du ciel en répandant votre âme

Comme un rayon sacré dans toute la maison ;
Ma joie et mon orgueil, ma lumière et ma flamme,
Mon plus cher souvenir, mon plus doux horizon ;

VII

Dessin de Praxitèle et couleur du Corrége,
Chef-d'œuvre du grand maître, arc-en-ciel ruisselant ;
Diane chasseresse en son divin cortége,
Qui marquez mon chemin par un pied fier et blanc ;
Belle comme le jour, blanche comme la neige,
Ma forêt ténébreuse et mon soleil brûlant ;

VIII

Mon vrai livre, c'est vous. La page sérieuse
Est celle où mon amour va s'épanouissant,
OEuvre toujours nouvelle et toujours curieuse,
Que Dieu sème d'éclairs et féconde en passant :
Quand il sera fini, ma griffe furieuse
Y signera mon nom en huit lettres de sang.

IX

En huit lettres de sang, — car pourrais-je encor vivre
Si tu n'étais plus là, mon rêve radieux !
Si tes lèvres, qui sont la coupe où je m'enivre,
Ne me disaient plus rien, — les lèvres ni les yeux ! —
Si tu n'étais plus là, — je fermerais le livre,
Et, pour te retrouver, j'aspirerais aux cieux !

# LIVRE HUITIÈME.

LE FOIN ET LE BLÉ.

VIII

LE FOIN ET LE BLÉ.

I

LES FANEURS DE FOIN.

DÉDIÉ A THÉOCRITE.

En Champagne : — un pré fauché de la veille : — un ruisseau d'un côté avec des saules, des peupliers de l'autre, un bois de noisetiers dans le fond. — Le soleil se lève : — les deux faneurs sont dans le sentier qui conduit au pré.

HYACINTHE, SUZANNE.

SUZANNE.

L'alouette en chantant s'élève dans le ciel,
L'abeille aux ailes d'or va picorant son miel,
Le merle persifleur chante sous la ramure.
— D'où nous vient ce parfum ? la fraise est-elle mûre ?
Est-ce encor l'aubépine ou le trèfle fauché ?

HYACINTHE.

Te souviens-tu? Le soir où je m'étais caché
Dans le trèfle touffu de mon oncle Jean-Jacques?
Tu revenais, je crois, de la fête de Pâques?
Tu pensais au bon Dieu; mais le diable était là,
Te guettant au passage et te criant : Holà!

SUZANNE.

Un beau soir! Ce soir-là du moins je fus aimée!
Le rossignol chantait sur la branche embaumée.
Mon cœur chantait aussi... Nous arrivons déjà!

HYACINTHE.

N'as-tu pas reconnu l'orme qui t'ombragea
Quand tu venais, enfant, cueillir la primevère,
Après avoir prié la Vierge du Calvaire?

SUZANNE, se regardant au fond du ruisseau.

J'ai pâli, n'est-ce pas? Ne vois-tu pas dans l'eau?

HYACINTHE.

Non, tu n'as point pâli, c'est l'ombre du bouleau.
Quand je suis loin de toi sur ma charrue oisive,
Je te revois ainsi dans mon âme pensive.

SUZANNE.

Tu chantes aujourd'hui de bien vieilles chansons.
C'est trop baguenauder; à l'œuvre, commençons.
Que l'herbe, secouée à plus d'une reprise,
Reçoive tour à tour le soleil et la brise.
Vois : ma fourche, coupée au bois du vieux couvent,
Est légère en mes mains comme une plume au vent.
Commençons par ce coin, à l'ombre de ces saules.

HYACINTHE, glissant la main sur l'épaule de Suzanne.

Oui, le soleil gourmand te mordrait les épaules.

SUZANNE.

Que l'ombre est fraîche encor sous ces branchages verts !
Prends donc garde ! voilà mon fichu de travers !

Souriant.

Nous parlerons d'amour quand l'herbe secouée...
Allons, ma chevelure est toute dénouée !
Ami, finissez donc avec tous vos discours...
Si tu ne finis pas, j'appelle à mon secours !

HYACINTHE.

Eh ! qui donc appeler ? Le ramier qui roucoule ?
Le nuage qui passe et le ruisseau qui coule ?
Les grands bœufs ruminant qui sont à l'abreuvoir ?
Nul ne peut nous entendre, et nul ne peut nous voir.

SUZANNE.

Hyacinthe, mon ami, vous battez la campagne.
Ou plutôt tu bâtis des châteaux en Champagne.
Alerte, vois ce foin comme il est vert encor !

HYACINTHE.

Notre amour est vraiment digne de l'âge d'or ;
Et le merle moqueur, que ta beauté régale...

SUZANNE, se détournant pour rire.

Va te siffler ! Vois-tu gambader la cigale ?
Tiens, la voilà qui danse aux pipeaux du grillon,
En face d'une abeille, avec un papillon !
Sur elle la rosée a secoué sa perle.

HYACINTHE.

Tu te moques. J'entends toujours siffler le merle.
Mais, quoi! voici déjà l'heure du déjeuné.

SUZANNE.

La cloche du château n'a pas encor sonné.
Alerte! plus d'ardeur et moins d'agacerie!
Nous ne déjeunerons qu'au bout de la prairie,
Sous cet orme, là-bas, où tremblent les roseaux,
Aux parfums des buissons, à la fraîcheur des eaux.

HYACINTHE.

Un déjeuner frugal, et pourtant délectable.
A qui donnerons-nous les miettes de la table?

SUZANNE.

Aux oiseaux familiers. Ah! quand on a vingt ans,
Le bonheur est de vivre un peu de l'air du temps.
A vingt ans, le bonheur est un convive affable;
Mais plus tard, m'a-t-on dit, ce n'est plus qu'une fable,
Un vrai conte de fée, une image qui fuit,
Un rêve vagabond qui se perd dans la nuit.

HYACINTHE.

Tu jases comme un livre. Ah! c'est que ta grand'mère
En te donnant son nom t'a donné sa grammaire!
Tu parles aussi bien que le premier venu.
— Si pour moi le bonheur est encore inconnu,
Je sais où le trouver, Suzanne, ô ma maîtresse!
A tes lèvres de feu je boirai son ivresse,
Si tu veux m'écouter. Tu vois bien ce ramier
Qui voltige là-bas du platane au pommier,
Qui se plaint sourdement comme la tourterelle?

Il attend sa colombe et roucoule pour elle.
Tout à l'heure ils s'en vont becqueter leur amour.

SUZANNE.

N'allons pas fatiguer les échos d'alentour.

HYACINTHE.

Le bonheur avec toi c'est un peu d'herbe fraîche,
Loin de la grand'maman qui s'ennuie et qui prêche,
C'est l'ombre d'une branche où chantent les oiseaux,
Une fleur d'or cueillie au milieu des roseaux,
Un rêve que nous prend le nuage qui passe ;
La chanson des amours qui traverse l'espace,
La chaumière enfouie à l'ombre du noyer,
Le souper qui s'égaie aux flammes du foyer,
Puis le petit enfant qui gazouille et qui joue.

SUZANNE.

Comme il y va ! grands dieux ! le feu monte à ma joue !

HYACINTHE.

Laisse-moi t'embrasser sur ton œil amoureux
Qui me fait voir le ciel, le ciel des bienheureux !
Sur tes cheveux flottants autour de ton visage,
Et sur ce cher bouquet qui sèche à ton corsage,
Ah ! voilà le bonheur, si je savais oser !

SUZANNE.

Holà ! que fais-tu donc ? Sainte Vierge ! un baiser !

HYACINTHE.

Un baiser pris au vol — un seul — et je suis ivre !
Tu vois bien que ma bouche en sait plus long qu'un livre !
Nous cherchons le bonheur, le bonheur n'est pas loin.

SUZANNE, laissant tomber sa fourche.

Le bonheur !... mais, mon Dieu, que deviendra le foin ?

II

LES MOISSONNEURS.

DÉDIÉ A CLAUDE LORRAIN.

PROLOGUE.

L'Aurore abandonnait au vent ses blonds cheveux ;
Sa faulx sur son épaule, Hyacinthe aux bras nerveux
Comptait sur ses dix doigts les beautés de Suzanne.
— Amour rustique et doux — beauté de paysanne.
Elle, c'était la pêche empourprant l'espalier.
Sur son beau cou bruni se jouait un collier
De cerises. Le pampre ombrageait son visage,
Un rêve d'amoureuse agitait son corsage,
Et, tout en souriant, quand Hyacinthe parlait,
Elle montrait des dents blanches comme du lait.
Ils allaient, secouant du pied thym et rosée ;
Le soleil, s'échappant de la nue irisée,
Répandait ses rayons ; la vache, au bord de l'eau,
S'agenouillait dans l'herbe à l'ombre du bouleau,

Le brouillard s'élevait des vignes sablonneuses;
Dans le creux du vallon les jeunes moissonneuses
S'éparpillaient déjà; la fourche du fermier
Effeuillait en passant la branche du pommier;
Les bois chantaient en chœur; le ciel et la nature
Souriaient ardemment à toute créature,
On sentait passer Dieu, le maître souverain,
Dans ce clair paysage à la Claude Lorrain.

HYACINTHE, SUZANNE.

HYACINTHE.

Entends-tu résonner ma faulx à chaque gerbe?
Le beau blé! pas d'ivraie et pas un seul brin d'herbe!
Le ciel et la nature ont béni les moissons.

SUZANNE, écoutant battre son cœur.

Qu'entends-je? Le verdier là-bas dans les buissons,
L'alouette qui monte et se perd dans les nues,
Un écho qui nous vient des chansons inconnues.

HYACINTHE.

Le doux roucoulement des bandes de pigeons
Qui vont battre de l'aile au-dessus des ajoncs.
Ah! mon Dieu! qu'ai-je vu! Regarde sous la haie.

SUZANNE.

Peut-être une couleuvre? Ah! que cela m'effraie!
Pourquoi te vois-je ainsi, pâle, triste, muet?

HYACINTHE.

Un souvenir d'amour : vois plutôt ce bleuet,
Le seul qui reste encor! — Quand je t'ai couronnée...

SUZANNE.

Ah! je m'en ressouviens! la couronne est fanée,
Mais je la vois toujours plus fraîche que jamais.
Quand tu m'as couronnée, Hyacinthe, tu m'aimais!
Je me croyais alors la reine du village.

HYACINTHE.

Était-ce de l'amour ou de l'enfantillage?

SUZANNE.

Si c'était de l'amour? — Rentrée à la maison,
J'accrochai ta couronne à la vieille cloison,
Au-dessus de mon lit. Pour moi, c'est un rosaire
Que je baise et consulte en mes jours de misère.
— Sais-tu ce que je fais quand je doute de toi?
Écoute : tu vas rire et te moquer de moi :
Je reprends ta couronne et la mets sur ma tête,
Et soudain je retourne à ce beau jour de fête!
Tout mon chagrin s'en va, tout mon bonheur revient,
Ce matin encor... vois, mon cœur qui s'en souvient...

Elle prend la main d'Hyacinthe et la porte à son cœur.

Ton nom est gravé là bien mieux que sur l'écorce.

HYACINTHE.

Qu'as-tu fait? Pour faucher, mon bras n'a plus de force.

SUZANNE.

A l'œuvre, à l'œuvre, Hyacinthe! et qu'au soleil couchant
Ta faulx ait moissonné tous les épis du champ.

HYACINTHE.

Je ne faucherai pas ce bleuet, qui réveille
Un si doux souvenir ! c'est comme une merveille ;
Je dépose ma faulx, je vais te le cueillir.

SUZANNE.

Rien qu'à voir un bleuet je me sens tressaillir.
Si ton amour n'était qu'un amour de passage ?

HYACINTHE, regardant.

Où vais-je le planter ? au sillon du corsage ?

SUZANNE, rougissant.

Plutôt dans mes cheveux. Chut ! monsieur le galant !...

HYACINTHE, plaçant le bleuet.

C'est pour te garantir de ce soleil brûlant.

SUZANNE.

Finissez donc ! voilà ma faucille par terre.

HYACINTHE.

Suzanne, mon amour est un feu qui m'altère.
Un baiser sur ta joue ou de l'eau dans ta main !

SUZANNE.

La fontaine est là-bas, à deux pas du chemin.

HYACINTHE.

Allons-y ; l'ombre est douce au cœur, dit le proverbe.

SUZANNE.

Le proverbe est bien fou ! moi, je reste à ma gerbe ;
Ne perdons pas de temps, par un si beau soleil !
D'ailleurs, sur notre amour nous donnerions l'éveil.

HYACINTHE, *l'entraînant.*

Pourquoi me refuser cette main pour y boire?

SUZANNE.

Si l'on nous rencontrait, on ferait une histoire.

HYACINTHE.

J'aime ce clair ruisseau qui murmure tout bas.
Vois-tu les gais bouvreuils y prendre leurs ébats?
L'hirondelle en criant y vient baigner ses ailes,
La mésange y poursuit les vertes demoiselles.

SUZANNE.

Comme il va de travers! C'est comme toi, serpent!
Quel baume printanier la verveine y répand!

Elle puise de l'eau, Hyacinthe boit.

On n'a pas vu souvent pareille fantaisie.

HYACINTHE.

L'eau dans ta douce main se change en ambroisie.
Qu'est-ce que l'ambroisie? Une liqueur du ciel,
Meilleure que le vin, que le lait et le miel.

SUZANNE.

Qui t'a donc dit cela? C'est sans doute tes livres.
Mais, mon cher, ne bois plus, voilà que tu t'enivres...

HYACINTHE.

Comme si je buvais sur ta bouche un baiser.
Que je boirais longtemps sans pouvoir apaiser
Ma soif toujours ardente! Ah! verse-moi l'ivresse!
Cette soif est au cœur, Suzanne, ma maîtresse!

ÉPILOGUE.

Dans l'agreste roman je n'irai pas plus loin.
Sur le bord du ruisseau verdoyait le sainfoin,
Le vieux Pan soupirait dans les roseaux fragiles,
Aux portes du hameau les glaneuses agiles
Criaient; sur le coteau répondait le berger;
L'écolière aux yeux bleus mouillait son pied léger
Dans le sentier du bois où la fraise était mûre,
Où le merle sifflait, perché sur la ramure,
Sa gamme fraîche; enfin, partout joie et chanson!
— Mais Suzanne? — Suzanne était à la moisson...
Moisson du cœur, moisson d'amour, gerbe ravie
Au rivage divin pour embaumer la vie!

LIVRE NEUVIÈME.

LA MUSE VOYAGEUSE.

IX

LA MUSE VOYAGEUSE.

I

LE VOILE SACRÉ.

DÉDIÉ A RAPHAEL.

De Padoue à Venise.

Près de Padoue, au sein de ce riche pays
Où le pampre s'étend sur le blé de maïs,
— Que n'ai-je vos pinceaux, Titien ou Véronèse,
Pour ce divin tableau digne de la Genèse ! —
Une femme était là, caressant de la main
Un bambino couché sur l'herbe du chemin :
Plus souples et plus longs que les rameaux du saule,
Ses cheveux abondants tombaient sur son épaule;

Elle était presque nue, à peine un peu de lin
Lui glissait au genou; plus d'un regard malin
Courait, comme le feu, de sa jambe hardie
A sa gorge orgueilleuse en plein marbre arrondie.

Elle se laissait voir, naïve en sa beauté,
Sans songer à voiler sa chaste nudité;
Dieu l'avait faite ainsi, comme il avait fait Ève,
Un matin qu'il voulait réaliser un rêve :
Pourquoi cacher au jour ce chef-d'œuvre charmant,
Créé pour être vu par le peintre ou l'amant?
A la fin, devinant qu'on la trouvait trop belle,
Elle voulut voiler cette gorge rebelle;
Elle étendit la main, mais le voile flottait.
Son front avait rougi; de femme qu'elle était
Elle redevint mère : — avec un doux sourire,
Un sourire plus doux que je ne saurais dire,
A son petit enfant elle donna son sein,
O sublime action! Les anges par essaim,
Chantant Dieu, sont venus pour voiler de leurs ailes
La fière volupté de ces saintes mamelles.

II

FRESQUE DE POMPEIA.

DÉDIÉ A RAPHAEL.

Pompeia.

On voit déjà flotter les vapeurs matinales,
L'aube a teint l'Orient de couleurs virginales ;
La déesse aux yeux fiers est debout sur l'autel,
Portant le diadème à son front immortel.
On voit étinceler au gré du statuaire
La pierre sélénite au fond du sanctuaire.
Déjà le sacrifice inonde les bassins ;
Sous le voile d'Isis, on entrevoit les seins
Fécondants de Junon dont le regard s'allume,
Ces chastes seins plus doux que la neige et la plume !
Elle a le sceptre d'or surmonté d'un coucou,
Un collier de grenade étincelle à son cou,
Elle touche du pied la queue épanouie
Du paon, son cher oiseau, dont elle est éblouie.

Les époux, couronnés de myrtes, à pas lents
Viennent s'agenouiller au bord des marbres blancs,
Effeuillant pour Junon le pavot et la rose;
Cependant qu'au parvis l'Hymen au front morose
Allume les parfums et verse un vin pourpré.
Mais que voit-on dans l'ombre, au fond du bois sacré,
Où mollement Zéphyr se balance et murmure?
De beaux groupes d'amants, voilés par la ramure,
Vont chantant que Junon fut jalouse toujours;
Que l'Hymen ne sait pas moissonner tous les jours;
Qu'incessamment Éros couronne la plus belle,
Et pour autel ne veut que le sein de Cybèle.

III

LA MAITRESSE DU TITIEN.

DÉDIÉ A GIORGION.

Venise.

O fille de Palma! Violante adorée,
Poëme que Titien jusqu'à sa mort chanta,
OEuvre folle des Dieux par le soleil dorée
Comme un pampre lascif qu'arrose la Brenta!

Fleur de la volupté, splendide Violante,
Ton nom vient agiter le corps avant le cœur;
Tu soulèves l'amour sur ta lèvre brûlante,
Où les pâles désirs s'abattent tous en chœur.

O fille de l'Antique et de la Renaissance,
Espoir des Dieux nouveaux, souvenir des anciens,
Païenne par l'éclat et la magnificence,
Histoire en style d'or des cœurs vénitiens,

Sur le marbre un peu blond de ton épaule altière,
Que j'aime tes cheveux à longs flots répandus !
Dans ces spirales d'or que baigne la lumière,
Que de fois en un jour mes yeux se sont perdus !

Palma faisait de toi sa plus pure Madone,
La vierge de quinze ans t'adore en ses tableaux ;
Titien faisait de toi Madeleine qui donne,
Qui donne à ses amants son cœur à larges flots.

O femme, tour à tour chaste comme Suzanne
Et faible comme Hélène, — Idéal, Vérité, —
Viens me dire pourquoi, divine courtisane,
Pourquoi Dieu t'a donné cette ardente beauté ?

C'est qu'il faut que le cœur à l'esprit s'harmonise ;
Titien cherchait encor les sentiers inconnus :
Pour qu'il eût du génie, ô fille de Venise !
Tu sortis de la mer comme une autre Vénus.

Dans tes yeux noirs et doux sa gloire se reflète ;
Car cet or qu'on croirait au soleil dérobé,
Ces prismes, ces rayons, ces fleurs de sa palette,
Par un enchantement, de tes mains ont tombé.

Oui, grâce à toi, Titien réalisa son rêve :
Sans l'amour à quoi bon les splendeurs de l'autel ?
Dieu commence l'artiste et la femme l'achève :
C'est par la passion qu'on devient immortel.

IV

L'HERBE QUI GUÉRIT TOUT.

DÉDIÉ A GÉRARD DE NERVAL.

Çà et là.

Une herbe est ici-bas qui guérit tous les maux :

 Où fleurit-elle? en Égypte, en Espagne,
 Dans mon pays, sous la vigne, en Champagne?

  Fleurit-elle sous les rameaux,
  Dans les bois ou dans les prairies?
  Dans le jardin des Tuileries,
  Ou sur le chaume des hameaux?

 Je l'ai cherchée en vain sur le rivage,
 Jusqu'à Pestum, sous la roche sauvage...

L'herbe qui guérit tout fleurit sur les tombeaux.

V

MARTIA ET MARGUERITE.

DÉDIÉ A MICHEL-ANGE.

Rome.

Martia la Romaine à la palette ardente,
Qui peignit des tableaux qu'aurait signés le Dante,
Voulut vivre pour l'Art. Plus d'un jeune Romain
Lui parla maintes fois d'amour sur son chemin;
Elle te fut rebelle, ô Vénus d'Ionie !
Et son cœur ne brûla que des feux du génie.

L'Art fut le divin culte où son esprit rêveur
S'enfermait avec joie en ses jours de ferveur;
Son atelier était le temple où la vestale
Veille avec piété sur la flamme fatale.

Ses compagnes en vain lui chantaient doucement
La chanson qui jaillit des lèvres d'un amant
Et court comme le feu sur les rives du Tibre;
Martia leur disait : « Esclaves, je suis libre;

» Je n'appartiens qu'à l'Art, l'Art, cet enfant des Dieux,
» Qui ceint mon chaste front d'un éclat radieux ;
» Ma couronne invisible, ô mes chères compagnes !
» Est plus douce à porter que la fleur des campagnes
» Dont le pâtre amoureux s'enivre le matin,
» Alors que la rosée emperle encor le thym.
» Vous hantez ici-bas la passion profane
» Qui n'a rien d'immortel, qui fleurit et se fane ;
» Ma sainte passion est vivante à jamais,
» Et j'aimerai demain ainsi qu'hier j'aimais.
» Moi, je n'habite point la terre ; un Élysée
» Que les Dieux m'ont bâti sur la nue irisée
» M'enlève à vos plaisirs, jeunes filles, mes sœurs,
» Biches aux doux regards qui cherchez les chasseurs. »

Fuyant les voluptés de cette vie humaine,
Elle parlait ainsi, Martia la Romaine.

Marguerite Van Eyck, pareille à Martia,
A l'Art seul, cet amant divin, se maria.
Marguerite non plus ne vécut pour la terre ;
Elle enferma son cœur dans l'atelier austère
Où l'ange du Seigneur, touché de sa beauté,
Garda le beau lys blanc de sa virginité.

Pourtant elle vivait à Bruges l'espagnole,
Que don Juan avait changée en ville folle,
Et puis elle habitait un riche intérieur
Avec son frère Jean, esprit doux et rieur ;
Elle aimait la musique et ses pures délices,
Elle buvait la vie aux plus rares calices,

Et, quand elle peignait, fidèle à ses instincts,
En ouvrant les fonds d'or des maîtres byzantins,
Pour orner ses tableaux de fraîches perspectives,
Forêt, prairie en fleurs, montagne aux sources vives.

Ainsi le culte ardent qui leur ouvrait les cieux,
Ce fut l'amour de l'Art, comme l'amour des Dieux.

Saluons, saluons ces deux filles sublimes
Qui voulaient n'habiter que les altières cimes,
Qui n'avaient pas besoin de passer le tombeau
Pour vivre loin du monde et voir le ciel plus beau.
La mort, en les frappant, n'a rien changé pour elles,
Car elles connaissaient les sphères éternelles.

VI

LE SCEPTRE DU MONDE.

Rives du Rhin.

Qui donc sous le soleil a le sceptre du monde?

— C'est moi qui suis le roi par la grâce de Dieu.
— Mais vienne un mauvais vent, tu n'as ni feu ni lieu :
On t'exile, ton sceptre est un bâton. Adieu!

Qui donc sous le soleil a le sceptre du monde?

— Croyez-m'en, la charrue est le sceptre sacré;
Le laboureur est roi, le blé pousse à son gré...
— Que peut contre un orage ou ton champ ou ton pré?

Qui donc sous le soleil a le sceptre du monde?

Les roses de Tibur n'ont pas de lendemain,
Les guirlandes d'amour se fanent dans la main,
L'orgueil baisse le front au terme du chemin.

Ta bêche, ô fossoyeur! est le sceptre du monde.

VII

LA MORT.

DÉDIÉ A GIOTTO.

Campo santo.

Moissonneuse éternelle en la vallée humaine,
Qui n'as pas de repos au bout de la semaine,
Qui fauches sans relâche et ne sèmes jamais,
Où donc as-tu porté les épis que j'aimais ?
Sois maudite à jamais, car ton arme fatale
A coupé trop de fleurs sur ma rive natale.

Ton arme est une faulx, ton sceptre un os séché,
Seul le hibou nous dit ton passage caché :
Quand tu ris, on entend le marteau sur la bière,
Juive errante, vivant de pleurs et de poussière.

Dieu veuille qu'on m'enterre auprès d'un mort aimé,
Non loin du frais enclos où mon cœur fut charmé.
Aux carillons joyeux de tous les jours de fête,
Réveillé dans la tombe et soulevant la tête,

N'entendrai-je donc pas le doux cri des enfants
S'ébattant sur mes os comme de jeunes faons?

J'entendrai, recueilli, le chant grave et rustique
S'échappant du portail de l'église gothique;
Et le soir, un Orphée, armé du violon,
Appelant à l'amour tous les cœurs du vallon.

Pour aller à l'autel le jour de l'hyménée,
La vierge passera, triste, pâle, inclinée,
Sur l'herbe de ma fosse, où j'aurai, le matin,
Les pleurs de la rosée et les senteurs du thym,
Où j'entendrai le soir vos strophes inégales,
Merles et rossignols réglés par les cigales!

Divinité des pleurs, qui viens pour venger Dieu,
O Mort! toi qui ne dis qu'un mot, un seul : *Adieu!*
Viens, je ne te hais plus. Conduis-moi vers ma mère,
Endors-moi dans tes bras pour passer l'onde amère.

VIII

LE POËME
DE LA ROSE BLANCHE.

DÉDIÉ A GOETHE.

Idéal! idéal!

Ems.

I

Il est une tombe isolée
Au fond de la sombre vallée
Du vieux village d'Oberr-May :
Son urne sculptée est couverte
D'une herbe qui n'est jamais verte,
Même aux beaux jours du mois de mai.

A ses pieds un ruisseau serpente
Et sanglote en suivant sa pente
Sous les ajoncs et les roseaux,
Les sylves et les demoiselles
N'effleurent jamais de leurs ailes
La sombre surface des eaux.

De noirs nuages la couronnent ;
Les montagnes qui l'environnent
Ne s'étoilent jamais de fleurs :
C'est la sépulture d'Hélène.
On y cueille la marjolaine
Et le saule y répand des pleurs.

II

Or, quand un voyageur traverse la vallée
A l'heure triste et sainte où la nuit se répand,
Il n'ose regarder cette tombe isolée,
Et la frayeur sur lui glisse comme un serpent.

Il s'enfuit, il s'arrête à l'auberge prochaine.
Il frappe — l'hôtesse ouvre — il la suit tout craintif ;
En le voyant passer, les chiens, mordant leur chaîne,
Lui jettent pour salut un hurlement plaintif.

Morne comme un soldat qui tombe sans victoire,
Il s'assied au foyer où flambe le sarment,
Et l'hôtesse en émoi lui conte cette histoire
Qu'au temps passé contait sa mère en l'endormant :

III

On voit sur la montagne un vieux pan de muraille
Qui semble défier le temps et son marteau :
Ce géant, demeuré sur le champ de bataille,
Est le dernier débris qui reste du château.

Là demeurait Hélène avec sa vieille mère ;
Ne voyant pas encor les ronces du chemin,
Elle entrait en riant dans cette vie amère,
Et déjà vers l'amour tendait sa blanche main.

IV

« Petites fleurs qui croissez sur la rive,
» Le vent jaloux passe pour vous cueillir ;
» J'appelle en vain, nul amoureux n'arrive,
» Loin de l'amour me faudra-t-il vieillir ?

» Lys qui penchez sur les roses vermeilles,
» Roseaux chanteurs, oiseaux et papillons,
» Bois agités, diligentes abeilles,
» Ramiers plaintifs tapis dans les sillons ;

» O visions qui traversez l'espace,
» Nuage bleu par le vent emporté,
» Priez le ciel qu'un jeune amoureux passe :
» A lui mon cœur, mon âme et ma beauté.

» Je ne suis pas une vierge farouche ;
» Vit-on jamais mon sourire moqueur ?
» Et n'ai-je pas, tout brûlant sur ma bouche,
» Un doux baiser qu'emprisonne mon cœur ? »

V

Hélène errait un jour, avec ses rêveries,
Sur un sable jonché d'étoiles de jasmin ;
Un rosier, tout couvert de fleurs sans lendemain,
L'accrocha par la robe à ses branches fleuries.

Elle essaya de fuir, mais en vain ; le rosier
Retint avec amour cette robe rebelle,
Et pencha vers la vierge une rose si belle,
Qu'elle s'agenouilla pour mieux s'extasier.

Comme Hélène admirait cette fleur enchantée,
Sa lèvre respira le parfum ravissant
Que répand une rose en s'épanouissant,
Et qui conduit l'amour dans une âme exaltée.

« Réponds-moi, réponds-moi, calice épanoui,
» D'où te vient ce pouvoir qui m'attire et me charme,
» Es-tu mon premier rêve et ma première larme ? »
La rose s'inclina pour lui répondre : « Oui. »

VI

« O rose ! connais-tu ta triste destinée ?
» Le vent t'a-t-il prédit que tu mourrais fanée ?
   » Peut-être que demain
» Par le feu du soleil tes corolles séchées,
» De ta tige bientôt par le vent détachées,
   » Jauniront le chemin.

» Où passeras-tu donc alors, âme transfuge?
» Si mon âme du moins devenait ton refuge
    » Jusqu'au jour solennel
» Où la jalouse Mort fermera mes paupières,
» Et me viendra coucher dans le froid lit de pierres
    » Du sommeil éternel! »

VII

Le soir, l'orage dans la nue
Armait l'éclair étincelant;
Hélène errait dans l'avenue,
Seule avec son rêve brûlant.

Un seigneur passe et lui demande
Sa route au pays inconnu.
Rougissant, la jeune Allemande
Lui dit : « Soyez le bienvenu. »

Dans ses yeux il vit une larme :
« Quoi! de si beaux yeux éplorés!
» Vous avez la grâce et le charme,
» Vous êtes belle — et vous pleurez!

» — Je pleure, mais que vous importe?
» L'orage gronde à l'horizon;
» Passez le seuil de cette porte,
» Ma maison est votre maison. »

VIII

Soudain le voyageur, plein de joie, accompagne
Hélène, tout émue, à l'abri de la tour;
On lui fait les honneurs du vin de la montagne,
Vin célèbre qui chante une chanson d'amour.

Le voilà qui s'éprend des grâces ineffables
De cette belle fille; il tente, mais en vain,
De lui parler d'amour en lui disant des fables,
Comme à travers la coupe on voit rougir le vin.

Elle n'entendait pas, étant toute à son rêve;
Elle redescendit au jardin pour revoir
Sa rose bien-aimée; on eût dit une autre Ève,
Près du fruit défendu, disant : *Je veux savoir*.

Elle baisa la rose et s'enfuit pâlissante;
L'amoureux à son tour s'approcha du rosier,
On entendait au loin la chanson ravissante
Du rossignol jetant sa perle à plein gosier.

« Si j'allais te cueillir, ô rose bien-aimée!
» Aurais-je sur Hélène un talisman vainqueur? »
Il dit, et détacha de sa tige alarmée
La rose charmeresse et la mit sur son cœur.

IX

Hélas! le lendemain, quand finit la journée,
Il partit, emportant la fleur bientôt fanée,
Laissant au cœur d'Hélène un profond souvenir,
Elle pleura la rose, elle devint malade.
Et sans cesse à sa mère, ainsi qu'en la ballade,
Elle disait : Là-bas, ne vois-tu rien venir?

Quand s'éveillait l'Aurore aux chants de l'alouette,
Quand s'endormait le jour aux cris de la chouette,
Hélène murmurait : Il ne revient donc pas!
Enfin deux voyageurs, un soir, se rencontrèrent
Aux portes du donjon, et tous deux ils entrèrent :
L'un était l'amoureux et l'autre le Trépas.

X

HÉLÈNE.

Toi, mon ami! Mais lui? Quel est-il? Il m'effraie.
Hélas! est-ce donc lui que m'annonçait l'orfraie?
Quel ténébreux regard! quelle sombre pâleur!
Quelle odeur de tombeau! quels vêtements funèbres!
Est-ce un mauvais génie, un ange des ténèbres?
Réponds-moi, quel es-tu, messager de malheur?

LE TRÉPAS.

Un vieux comédien envoyé sur la terre,
Qui n'apparaît jamais qu'à la fin du mystère.
Les fleurs tremblent d'effroi quand passent les autans :
Dès que je fais un pas, toutes les cloches sonnent,
La terre ouvre son sein et les mortels frissonnent.
Hélène, je t'attends, je t'attends, je t'attends !

HÉLÈNE.

Son souffle sépulcral me glace d'épouvante.
Mon ami, suis-je morte, ou suis-je encor vivante ?
Je croyais être à toi, ne suis-je qu'au Trépas ?
Le vent plus tristement pleure sur les murailles :
N'entends-tu point déjà le glas des funérailles ?
Approche, approche encore, et prends-moi dans tes bras !

L'AMOUREUX.

Pourquoi trembler ainsi, mon Hélène, ma belle ?
La mort est loin de nous, car la reine Isabelle
A reçu cette nuit son baiser glacial.
Pour nous je vois déjà poindre l'aube infinie :
Environs-nous d'amour. — Fuis, ô mauvais génie !
N'ouvre pas un tombeau sous le lit nuptial.

LE TRÉPAS.

A peine si tes bras enlaceraient un arbre ;
Moi, j'enlace le monde, et sur mon sein de marbre
Les générations passent à chaque instant.

Moissonneur éternel de la vallée humaine,
Je fauche sans relâche, et jamais la semaine
N'eut un jour de repos pour mon corps craquetant.

L'AMOUREUX.

Je viens à ton étoile offrir ma destinée;
Mon Hélène, revêts ta robe d'hyménée,
Et refleuris encor comme au dernier printemps.

LE TRÉPAS.

Je suis las de ma femme, une vieille qui louche;
J'en veux tenir ce soir une autre dans ma couche.
Hélène, je t'attends, je t'attends, je t'attends!

HÉLÈNE.

Mais quelle douce odeur sur ma bouche est tombée?
Ah! c'est la rose, ami, que tu m'as dérobée.
Hélas! moi qui croyais t'aimer, je te maudis!
Le ciel s'ouvre! La fleur que j'emporte en ma tombe
Était mon IDÉAL. A toi mon corps qui tombe,
O Mort! Et vous, mon âme, allez au Paradis!

IX

SOUVENIR.

Oberr-May.

Le soleil, tiède encore, argente ces prairies,
    Et s'enivre en buvant le miel
Des belles roses-thé qui s'éveillent fleuries
    Sous le dôme azuré du ciel.

Comme vous, douces fleurs, Éva s'est éveillée
    Le cœur plein d'amour un matin,
Et les pleurs dont sa joue était toute mouillée,
    Roulaient sur son cou de satin.

Nous nous sommes aimés un siècle — une seconde. —
    Pendant que je baisais son cou
Sa main a répandu sa chevelure blonde
    Sur mon front : j'étais ivre et fou !

Ce fut tout. — Un rayon d'amour pur sur la terre ! —
    O roses-thé, quel souvenir !
Versez-lui vos parfums en ce parc solitaire,
    Si vous le voyez revenir.

X

TABLEAUX HOLLANDAIS.

DÉDIÉ A REMBRANDT.

Amsterdam.

I

J'ai traversé deux fois le pays de Rembrandt,
Pays de matelots — qui flotte et qui navigue, —
Où le fier Océan gémit contre la digue,
Où le Rhin dispersé n'est plus même un torrent.

La prairie est touffue et l'horizon est grand ;
Le Créateur ici fut comme ailleurs prodigue...
— Le lointain uniforme à la fin nous fatigue,
Mais toujours ce pays m'attire et me surprend.

Est-ce l'œuvre de Dieu que j'admire au passage?
Pourquoi me charme-t-il, ce morne paysage
Où mugissent des bœufs agenouillés dans l'eau ?

Oh ! c'est que je revois la nature féconde
Où Rembrandt et Ruysdaël ont créé tout un monde :
A chaque pas ici je rencontre un tableau.

II

Je retrouve là-bas le taureau qui rumine
Dans le pré de Paul Potter, à l'ombre du moulin ;
— La blonde paysanne allant cueillir le lin,
Vers le gué de Berghem, les pieds nus, s'achemine.

Dans le bois de Ruysdaël qu'un rayon illumine
La belle chute d'eau ! Le soleil au déclin
Sourit à la taverne où chaque verre est plein,
— Taverne de Brauwer que l'ivresse enlumine.

Je vois à la fenêtre un Gérard Dow nageant
Dans l'air ; — plus loin Jordaens : — les florissantes filles !
Saluons ce Rembrandt si beau dans ses guenilles !

Oui, je te connaissais, Hollande au front d'argent ;
Au Louvre est ta prairie avec ta créature ;
Mais dans ces deux aspects où est donc la nature ?

III

Le grand peintre est un dieu qui tient le feu sacré,
Sous sa puissante main la nature respire ;
Ne l'entendez-vous pas, sa forêt qui soupire ?
Ne la sentez-vous pas, la fraîcheur de son pré ?

Comme aux bords du canal, sous ce ciel empourpré,
La vache aux larges flancs parcourt bien son empire!
Dans cet intérieur comme Ostade s'inspire!
Gai tableau qui s'anime et qui parle à son gré.

Pays doux et naïf dont mon âme est ravie,
Oui, tes enfants t'ont fait une seconde vie,
Leur souvenir fleurit la route où nous passons.

Oui, grâce à leurs chefs-d'œuvre, orgueil des galeries,
La poésie est là qui chante en tes prairies,
Comme un soleil d'été sourit à nos moissons.

XI

ÉPITAPHE DE PARIS.

VIEUX STYLE.

Paris, 5845.

Ci-gît Paris. — Mortel qui passes là,
Pleure en voyant les tombeaux que voilà :

Paris, où Geneviève, en son adolescence,
A gardé les moutons, — avec son innocence ;
Où la docte Héloïse a trouvé son vainqueur,
Quand l'ardent Abailard, — bien folle est qui s'y fie ! —
    Avait de l'esprit et du cœur...
Pourquoi fut-il réduit à la philosophie ?
Où de la tour de Nesle, après un souper fin,
Marguerite envoyait — on l'a vu sur la scène —
Ses amants raconter aux poissons de la Seine
Ce qu'il fallait d'amour pour assouvir sa faim !
Où François s'écriait à son heure dernière :
J'ai beaucoup trop aimé la belle Ferronnière ;
C'est bien la peine, hélas ! d'être un roi si vaillant !
    Où le bon Henri Quatre

Eut le triple talent
De boire et de battre,
Et d'être vert galant;
Où Louis, le grand roi, dans sa folle jeunesse,
Brillant comme un soleil et gonflé comme un paon,
Devant sa cour se pâmant d'allégresse,
Dansait le menuet avec la Montespan;
Où Molière, réduit à faire le carême,
Riant de Sganarelle, en était un lui-même;
Où, couronné par les *Jeux* et les *Ris,*
Philippe d'Orléans, le régent débonnaire,
Trépassait dans tes bras, ô belle Phalaris!
Toi, son confesseur ordinaire;
Où le roi-Pompadour faisait toujours porter
Son sceptre d'or par la plus belle;
Où Voltaire écrivait, sans se déconcerter,
Sur la marge de LA PUCELLE,
Si Dieu n'existait pas, il faudrait l'inventer!
Où Mirabeau, dans son humeur altière,
A souffleté la royauté;
Où Danton, sublime exalté,
De son audace armait la France tout entière;
D'où l'aigle d'Austerlitz prit son vol radieux
Pour enserrer toute la terre,
Et retomber du haut des cieux
Dans les piéges de l'Angleterre!
Adieu, Paris, où le monde a passé,
Après la Grèce et l'Italie;
L'héroïsme, l'amour, la beauté, la folie,
L'argent a tout remplacé :
REQUIESCAT IN PACE.

XII

LE MYOSOTIS.

Cimetière de Mont-Parnasse.

Il avait dit : « Je pars ; qu'il vienne sur la rive
    Et que sa main serre ma main. »
Mais, à peine à ma porte, une beauté m'arrive
    Et dit : « Qu'il attende à demain. »

Mon Dieu, pardonnez-lui, — pardonne-moi, poëte,
    Car la Mort n'a pas attendu.
Le lendemain, hélas! sur la couche muette
    Un linceul était étendu.

Il mourut, n'ayant plus au front une espérance
    Pour éclairer ses derniers jours.
Mais il chanta l'amour, mais il chanta la France ;
    Dans nos cœurs son cœur bat toujours.

Il épuisa la vie à dompter sa chimère.
    Après le plus rude combat,
Il appela la Mort — seule elle fut sa mère,
    Seule elle vint à son grabat.

Qu'importe! bienheureux qui meurt en sa jeunesse,
    Avant la trompeuse moisson,
Surtout si dans le ciel il est vrai qu'on renaisse
    Pour aimer en toute saison!

Quand vient le moissonneur en juin, les alouettes
    S'envolent avec leurs petits
Dans la nue irisée; — heureux sont les poëtes
    De cette terre ainsi partis!

O poëte! pardonne à la belle profane
    Qui m'a détourné du chemin.
Sur tes myosotis, que nul oubli ne fane,
    Elle a pleuré le lendemain.

XIII

L'IMMORTALITÉ DE L'AME.

DÉDIÉ A DIDEROT.

Beaujon.

LE CORPS.

Qui frappe si matin? madame,
Entrez donc un instant chez moi.

L'AME.

Me connais-tu? Je suis ton âme.
J'ai voyagé la nuit sans toi.

LE CORPS.

C'est vrai; tu battais la campagne
Pendant mon sommeil accablant.

L'AME.

Je me bâtissais en Espagne
Quelque château de marbre blanc.

LE CORPS.

Mon âme, n'es-tu plus heureuse
Sur ce gai balcon où j'aimais ?

L'AME.

Non, et je vais, aventureuse,
Où tes pieds n'atteindront jamais.

LE CORPS.

O mon âme! point de divorce;
Soyez l'abeille, et moi le miel.

L'AME.

Je suis la séve, et toi l'écorce;
Je fleuris et je monte au ciel.

LE CORPS.

Moi, je suis la maison natale,
Enfant prodigue, où tu reviens !

L'AME.

Non, je suis l'aube matinale
Qui t'éclaire, tu t'en souviens.

LE CORPS.

Oui, ta lumière me pénètre
Et m'ouvre l'horizon lointain.

L'AME.

Comme un soleil à la fenêtre,
Je t'apparais chaque matin

LE CORPS.

Sous l'herbe funèbre et sauvage,
O mon âme! tu me suivras.

L'AME.

Non, déjà j'aspire au rivage
Où les dieux me tendent leurs bras.

LE CORPS.

Quand la maison tombe en ruine
La lampe qui brûlait s'éteint.

L'AME.

Non, je suis la clarté divine,
Je touche à tout, rien ne m'atteint.

LIVRE DIXIÈME.

LES COMÉDIENNES.

X

LES COMÉDIENNES.

I

EXORDE.

I

Je voulais n'aimer plus, l'âme encore asservie.
Pour distraire mon cœur j'écrivis deux romans ;
Je pris quatre chevaux pour emporter ma vie,
Et, pour vaincre l'amour, j'armai mille arguments,
Ou plutôt je courus de Ninon à Sylvie
Sans m'égayer beaucoup en ces ébattements.

II

J'ai, dans mes jours oisifs, hanté la comédie :
Agnès, dans la coulisse, a pris mes diamants,
Suzanne m'a vanté les mœurs de l'Arcadie,
Et pour moi Célimène a dit des mots charmants :
Ce pays-là, c'est toute une encyclopédie
Écrite par l'Amour en ses meilleurs moments.

III

Mais c'est trop éloquent et j'aime la nature ;
J'avais peur que l'Amour ne servît au festin
Des perdreaux de carton, — mauvaise nourriture
Pour un cœur affamé le soir et le matin.
Rien n'est beau que le vrai. La plus vive peinture
Ne vaut pas une femme, a dit monsieur Frontin.

IV

D'autres, moins amoureux, vont poursuivant leur Ève
Sous les rameaux touffus des paradis chantés ;
Aux arbres tout en fleurs ils suspendent leur rêve,
Et s'égarent aux bois par les biches hantés,
Ou sur le flot chanteur qui vient baiser la grève ;
Moi, j'aimais mieux l'Enfer aux pâles voluptés.

II

AMOURS DE THÉATRE.

O Léa! nous chantions le nocturne duo
  Sous l'orme des forêts bleuâtres;
J'ai trouvé mon balcon, tout comme Roméo,
  Mais c'est le balcon des théâtres.

Tu m'as trahi : L'amour est enfui pour toujours,
  Et mon cœur vivra solitaire :
A tous les monuments ruinés de mes jours
  J'ai cueilli la pariétaire.

Amour, doux arc-en-ciel de mon ciel orageux,
  Illusion évanouie,
Ceinture de Vénus, l'horizon nuageux
  Éteint ton prisme dans la pluie!

Je ne dirai jamais les maux que j'ai soufferts
    Devant votre beauté, madame,
Car j'ai fait avec vous ma descente aux Enfers,
    Et les Enfers brûlent mon âme.

O lâcheté du cœur! ô fragile raison!
    Pour retrouver ma poésie,
Je n'ai qu'à vous briser, portes de ma prison!
    Mais j'aime mieux ma frénésie.

Ils n'ont jamais aimé, ceux-là qui n'aiment plus!
    Il est temps d'arracher ton masque,
O syrène aux yeux verts qui viens avec le flux,
    Et qui nous prends dans la bourrasque.

Oui, tu m'as emporté jusques en pleine mer;
    Mais tes bras n'étaient qu'une tombe,
Car ta férocité me jette au flot amer,
    Et sans toi, cruelle, je tombe.

Et tu vas en riant à tous les horizons,
    Lèvre de feu, cœur de statue,
Et d'autres passagers sont pris à tes chansons,
    Pendant que ton amour me tue.

Mais quelle est ma folie! Est-ce qu'il faut briser
    L'amphore quand on n'est plus ivre?
Non, qu'un autre à son tour y vienne aussi puiser
    Le mal d'aimer, le mal de vivre.

Mon âme, c'est la vigne où ton soleil a lui,
    Quand mes pleurs tombaient en rosée ;
Ma vigne jeune encore est brûlée aujourd'hui,
    Et ma soif est inapaisée.

Mais toi, ma vendangeuse aux caprices mordants,
    Dont la serpe d'or chante et coupe ;
Les grappes de ma vigne, ô Léa ! sous tes dents,
    Saignent encore dans ta coupe.

Léa, tu m'as donné la mort avec l'amour ;
    Mon cœur a vécu de tes charmes ;
Mais tu viens t'y nourrir, femme, démon, vautour,
    Tu bois mon sang, tu bois mes larmes.

Léa, Léa, pourquoi déchirer le roman
    A la page la plus humaine ?
Toi-même tu pleurais. — Larmes de caïman !
    Je te reconnais, Célimène !

Oui, je te reconnais à ton rire moqueur :
    Quand ta ceinture est renouée
Le spectacle est fini, — le drame de mon cœur,
    — Ta comédie, — est bien jouée !

III

LE TOMBEAU DE L'AMOUR.

Monsieur de Cupidon, grand coureur d'aventure,
Qui veniez si souvent rêver sous mon balcon,
Ne vous verrai-je plus, si ce n'est en peinture?
Me condamnerez-vous aux vierges d'Hélicon?

As-tu donc oublié nos belles équipées?
Nous n'allions pas nous perdre au ciel comme Ixion.
Aujourd'hui, qu'as-tu fait de tes flèches trempées
Dans la coupe où Vénus buvait la passion?

Pour avoir de l'argent les aurais-tu fondues?
Ton carquois n'est-il plus qu'un sac d'écus comptés?
Qu'as-tu fait de ton chœur de Nymphes éperdues
Conviant l'univers aux folles voluptés?

Aurais-tu trépassé dans les bras de ma belle
Sur la double colline où la neige rougit?
Si tu ne réponds pas à mon cœur qui t'appelle,
Sur le sein de Léa j'écrirai donc : *Ci-gît.*

Ci-gît mon jeune amour : ne pleurez pas! Sa tombe
Où déjà plus d'un cœur est venu se briser,
Est un doux lit jonché de plumes de colombe.
— Il naquit d'un sourire et mourut d'un baiser. —

IV

LÉA.

Je vous ai trop aimée, ô ma belle maîtresse !
Je ne puis vous aimer maintenant à moitié ;
J'aime mieux vous haïr, vous, la plus charmeresse,
Que d'aller m'effaçant jusques à l'amitié.

Adieu donc, il le faut, pour garder dans mon âme
Le divin souvenir de cet amour banni,
N'allons pas profaner, par l'amitié, — madame, —
Cet amour adorable. Adieu, tout est fini !

O désenchantement ! Quand le soleil se lève,
Retourner vers la nuit et s'en aller tout seul !
Mon cœur encor vivant ressent le froid du glaive,
Et les heures déjà lui filent son linceul.

Je ne veux plus vous voir, mon Ève et ma Science,
Puisque le paradis m'est à jamais fermé.
Quelquefois vous direz avec insouciance :
Il est tombé du ciel pour avoir trop aimé.

V

SENTIERS PERDUS.

Je vais où va le vent d'orage. Que ne puis-je
En finir aujourd'hui cependant ! car où suis-je ?
Dans un abîme immense où vous m'avez jeté,
O chère passion ! ô folle vanité !
Et pourtant j'avais bu le doux lait de ma mère
Avant d'ouvrir la bouche à cette source amère
Du mal qui me tuera. Les blanches visions
M'ont entraîné gaîment vers les tentations
Qui nous ferment le cœur en nous mettant un masque :
Je suis allé flottant de bourrasque en bourrasque,
Riant de ma candeur, enfant abandonné,
Orgueilleux d'étaler un vice nouveau-né.

Cette folle Léa, dans son insouciance,
S'abreuvant du vin pur de la luxuriance,
N'est pas si loin du ciel encor que je le suis :
Un jour, si Dieu le veut, rêveuse au bord du puits

La mort, toujours la mort ! Depuis que le serpent
L'a versée au cœur d'Ève, elle règne et répand
Son odeur de sépulcre et ses hymnes funèbres,
Partout elle suspend ses hideuses ténèbres ;
Depuis le cimetière, où tombent tant de pleurs,
Jusqu'aux fronts de vingt ans tout couronnés de fleurs.
De l'arbre de la vie, ah ! qu'il tombe de branches !
L'amour paraît d'abord avec ses ailes blanches.
L'amour ! mais que de fois c'est le pressentiment
De Celle qui sourit à l'épouvantement !
Vous entr'ouvrez la bouche aux sources des délices,
Mais c'est toujours la mort qui remplit les calices.

Quand l'horloge du temps sonne dans notre cœur,
Les fantômes ailés viennent chanter en chœur
D'une voix glaciale une hymne funéraire
Pour ceux qui sont partis, pour l'amante ou le frère,
Pour l'espoir enterré — le rêve évanoui
Et l'amour sur la tombe encore épanoui.
L'hymne est surtout pour vous, ô passion ardente !
Que l'âme en vain poursuit jusqu'à l'enfer de Dante,
Passion des vingt ans, syrène que la mer
A bercée et noyée au fond du gouffre amer.

Que de tombeaux au cœur, où pousse l'herbe verte
Et dont on ne voit plus l'épitaphe couverte
Du lierre envahissant... *Ci-gît... ci-gît...* Mon Dieu,
Que de fois à soi-même il se faut dire adieu !

VII

VERS ÉCRITS SUR LE SABLE.

Jamais Titien, roi de la couleur,
N'a vu rayonner un plus doux mirage
Que votre beauté si fraiche en sa fleur
Se peignant au vif dans ce paysage.

Beau cadre au portrait! C'est la Poésie
Qui rayonne en vous, fière comme un paon,
Trainant dans les prés ce beau shall d'Asie
Avec la splendeur d'une Montespan.

N'êtes-vous pas l'art en pleine nature,
L'esprit qui sourit dans le sentiment?
Dieu, qui se complaît dans sa créature,
Se regarde en vous et se voit charmant!

J'écris à vos pieds ces vers sur le sable :
Ce fut là le livre aimé des anciens,
Car rien ici-bas n'est ineffaçable :
Arthur brouillera mes vers sous les siens.

Ou plutôt, ainsi que la vendangeuse
Qui foule au pressoir le grain jaillissant,
Gaiement vous viendrez, belle voyageuse,
Effacer ce soir mes vers en dansant!

VIII

LE TONNEAU DES DANAIDES.

Son cœur est le tonneau des Danaïdes. Verse,
Verse tes passions, mon cœur, verse toujours;
Vendange ta jeunesse, égrène tes beaux jours,
Sur les airs amoureux d'Horace et de Properce.

Sur le marbre vivant de son sein qui me berce
J'apprends l'art de sculpter les plus divins contours,
Sur ses cheveux ondés que peignent les amours,
Mes sonores baisers tombent comme une averse.

Sans croire à notre cœur, Léa, nous nous aimons :
Mais nous buvons du feu versé par les démons;
L'enfer est dans notre âme, ô brune charmeresse !

Je cueille avec fureur ta pâle volupté,
Car ce que j'aime en toi, c'est ta perversité :
Et j'aime à me damner avec toi, pécheresse.

IX

CAMÉES.

MADEMOISELLE BROHAN.

Où donc es-tu, Molière, âme forte et savante ?
Reviens en ta maison, car voici ta servante.
Mais c'est aussi Suzanne avec son œil ardent.
Que dis-tu, Beaumarchais, de son esprit strident ?

MADEMOISELLE RACHEL.

Champmeslé, Lecouvreur et Clairon se sont tues,
Mais tu règnes, Rachel, — cœur qui bat, front savant ;
Devant toi Praxitèle eût brisé ses statues,
Muse de la terreur, cœur fier, marbre vivant !

MADAME DORVAL.

Ces yeux bleus et profonds où l'âme se révèle,
Cette bouche qui parle et ces belles pâleurs,
C'était la Passion, cette muse nouvelle,
Kitty, Desdemona, Thisbé fondant en pleurs.

X

LA RIME ET LA RAISON.

J'ai fait le tour du monde en ses métamorphoses,
J'ai longtemps traversé les âmes et les choses,
J'ai tout vu ; j'ai veillé la nuit jusques au jour ;

J'ai rêvé vainement la gloire en ses fumées ;
Au milieu des docteurs, comme sous les ramées,
J'ai cherché la Science, et j'ai trouvé l'Amour.

L'Amour, c'est ma maîtresse, une jeune lionne,
Un portrait de Reynolds qui sourit et rayonne,
Ses cheveux odorants sont un blé de maïs.

C'est un charme divin que sa désinvolture,
C'est l'art qui met son âme au sein de la nature ;
Elle détrônerait Aspasie et Laïs.

Elle a le vert regard des félines tigresses,
Son sourire égaré me verse les ivresses...
Hier elle m'a dit avec son air moqueur :

« Avec les pommes d'or c'est en vain que tu joues ;
» Ta gloire, c'est la fleur qui colore mes joues,
» La fleur dont la racine est au fond de mon cœur. »

LIVRE ONZIÈME.

SONNETS.

XI

SONNETS.

I

INVOCATION.

O blanche Poésie, où donc es-tu cachée?
Rien ne tressaille plus à tes divins rayons;
Loin de toi, l'Art, ton frère, a brisé ses crayons :
Dans les œuvres d'hier en vain je t'ai cherchée.

La gerbe de Musset est donc toute fauchée?
Tarie est donc la source où buvaient les lions?
Et la grappe aux grains mûrs, sang vif des passions?
C'est que la nuit s'est faite, et que tu t'es couchée.

Drapée en ton dédain, dans les bois ténébreux,
Au château de l'Oubli, tu dors. La pâle Étude
Veille sur ton sommeil avec ses grands yeux creux.

Mais nous irons en chœur peupler ta solitude;
Plus amoureux encor que le Prince Charmant,
Nous te réveillerons, ô Belle au Bois dormant!

II

MADEMOISELLE

SAULE-PLEUREUR.

Je n'aurais pas donné ses fautes d'orthographe
Pour les meilleurs feuillets de nos plus beaux romans.
L'an passé, j'ai senti ses ensorcellements,
Je veux être aujourd'hui son historiographe :

Elle était fort jolie. Un galant photographe
L'a gravée au soleil avec ses airs charmants;
Mais qui peindra son corps en ses serpentements?
Je serais éloquent, si j'étais géographe!

Elle mourut hier après avoir dansé,
En me disant : — Mon Dieu! c'est donc déjà passé?
Je meurs sans rien savoir, je meurs comme une bête.

Tu sais l'amour, lui dis-je en lui baisant la tête,
Tu sais tout : l'herbe folle a sa fleur et son miel.
Tu peux quitter la terre et te risquer au ciel.

III

LE DERNIER MOT DE L'AMOUR

O Femme, que tu sois plébéienne ou princesse,
En dévoilant l'amour, je te cherche où tu es.
Ton cœur est le roman que je relis sans cesse,
Je ne te connais pas, mais je t'aime ou te hais.

J'ai secoué pour toi l'arbre de la science.
Lis ce livre, ou plutôt cherche ton cœur dedans.
Sur l'espalier d'Éros si ta luxuriance
Est mûre, ouvre la bouche et mords à belles dents.

C'est la moralité. Mais pourtant, si l'angoisse
Des belles passions t'a pâlie un matin,
Abandonne Vénus et change de paroisse;

Aime l'amour pour Dieu, c'est encor plus certain :
Repens-toi doucement en filant de la laine,
Et pleure tes péchés comme la Madeleine.

IV

LES MILLE ET UN JOURS.

Je n'étais qu'un païen, Diane chasseresse
Dans le lac d'Actéon me replongeait souvent;
Mais je serai bientôt un chrétien très-fervent,
Car Sylvia m'a pris par ses yeux de tigresse.

Je voudrais à ses pieds, bercé dans ma paresse,
Vivre roseau chanteur incliné par le vent;
Ainsi je m'en irais dans les cieux en rêvant :
Son doux baiser serait ma dernière caresse :

Souvenir pénétrant des dieux que tu connais,
Tu serais mon tombeau, cher marbre d'Italie,
Madame, vous seriez ma dernière folie.

Mais dans tes bras divins je meurs et je renais.
Et l'immortalité, qu'est-ce donc autre chose
Que l'amour renaissant sur ton sein blanc et rose?

VI

LES MILLE ET UNE NUITS.

Les mille et un sonnets, — les mille et une nuits :
C'est beaucoup — c'est trop peu — qu'en dites-vous, madame?
Voulez-vous commencer? Au feu s'éteint la flamme.
Mais faisons rayonner l'amour sur les ennuis !

Minuit vient de sonner son amoureuse gamme.
Le ciel de votre lit, c'est le ciel, si je puis
Vous voir dessous ainsi qu'on voit au bord du puits
La belle Vérité vêtue avec son âme.

Je cueillerai sur vous les fleurs de la beauté.
Vous êtes l'oasis de toute volupté,
Et vous avez l'esprit de l'aube et de la rose.

Je rougis de mes vers quand j'entends votre prose...
Mais mon sonnet est fait : vos bras sont-ils ouverts,
Que je m'y crucifie avec le dernier vers?

VI

LA BEAUTÉ.

Armé du ciseau d'or, le divin Praxitèle
Cherchait dans le paros la Vénus Astarté ;
Mais il ne trouvait pas. « O Vénus immortelle !
» Descends du ciel et parle à mon marbre lacté. »

Du nuage d'argent Vénus descendra-t-elle ?
« Qu'importe ! s'écria Praxitèle irrité :
» Daphné, Léa, Délie, Hélène, Héro, Myrtelle,
» Me donnent par fragments l'idéale beauté. »

L'artiste ainsi créa Vénus victorieuse.
S'il vous eût rencontrée, ô beauté radieuse,
Femme et déesse, amour des hommes et des dieux,

Il eût fait sa Vénus sans détourner les yeux ;
Ou plutôt, embrasé des feux de l'Empyrée,
Il eût brisé son marbre et vous eût adorée.

VII

LES VINGT ANS RETROUVÉS.

Au bas de ma montagne, à l'ombre d'un pommier,
Jaillit à flots pressés une source bruyante
Qui s'en va caressant la plaine verdoyante
Après avoir baigné les canards du fermier.

Au matin, le soleil est toujours le premier
A plonger dans l'étang sa lèvre flamboyante.
Des filles du pays la troupe chatoyante
Vient danser sur la rive aux chansons du ramier.

Lorsque je vais revoir la fontaine qui coule,
Les cailloux caquetants, le ramier qui roucoule,
L'herbe drue et fleurie où dansent les amants ;

La pervenche, œil des bois, que le buisson protége,
Le soleil qui sur l'eau sème des diamants,
Je revois mes vingt ans dans leur divin cortége.

VIII

CE QUE DISENT LES ÉTOILES.

Quand on vous a soufferts, tourments délicieux,
De déchirer sa lèvre aux coupes savoureuses,
Quand notre âme a subi les heures douloureuses,
La mort vient et lui donne un éclat précieux.

Ces étincelles d'or qui jaillissent des cieux,
Ces lys épanouis des plaines bienheureuses,
Les étoiles, — ce sont les âmes amoureuses
Versant au ciel nocturne un pleur silencieux.

« Ainsi que nous, montez à Dieu par le martyre!
Mortels, aimez! » Voilà ce que semblent nous dire
Avec de longs regards leurs yeux de diamants.

C'est pourquoi, dans l'azur transparent et sans voiles,
Enchantement des nuits sereines, les amants
Avec des pleurs de joie écoutent les étoiles.

IX

LA MUSE.

Pour chanter sous le ciel ce que j'ai dans le cœur,
Je demandais un luth à la muse amoureuse,
Quand ma jeune beauté vint, fraîche et savoureuse,
S'asseoir sur mes genoux avec un air moqueur :

« Pour accorder ainsi la raison et la rime,
» Ah! que de temps perdu dans les jours précieux!
» C'est chercher le soleil quand la nuit règne aux cieux!
» Crois-moi, ne lasse pas ton cœur à cette escrime.

» Si l'amour m'a fait reine, ami, n'es-tu pas roi?
» Ma bouche n'est donc pas la coupe d'ambroisie?
» Poëte, où t'en vas-tu prendre la poésie?

» La lyre c'est l'Amour et la Muse c'est moi :
» La plus belle chanson ne vaut pas, mon poëte,
» Un baiser éloquent sur ma bouche muette. »

X.

LES QUATRE SAISONS.

— Sonnet, que me veux-tu? — Je chante les saisons !
Le Printemps en sa fleur est l'amoureux poëte
Qui souffle dans les luths de la forêt muette,
Depuis les chênes verts jusqu'aux neigeux buissons.

L'Été, c'est un penseur à tous les horizons :
Le matin il s'éveille aux chants de l'alouette,
On voit jusques au soir flotter sa silhouette,
Tant il aime à cueillir l'épi d'or des moissons.

L'Automne est un critique effeuillant la ramure
Pour voir le tronc de l'arbre et rêver sous le houx :
L'aveugle ! il ne voit pas que la vendange est mûre.

L'Hiver, un misanthrope, un spectateur jaloux
Qui siffle avec fureur, dans l'ouragan qui brame,
Les roses, les épis, les raisins et son âme.

XI

LA COURONNE D'ÉPINES.

Quand le poëte passe en l'avril de sa vie,
Il cueille avec l'amour les fleurs de son chemin,
La grappe du lilas, l'étoile du jasmin,
Le doux myosotis dont son âme est ravie.

Tantôt c'est pour Ninon, tantôt c'est pour Sylvie;
Pour orner le corsage ou pour fleurir la main;
— Souvenir de la veille — espoir du lendemain,
O poëtes, cueillez! le ciel vous y convie.

Cueillez, car ces fleurs-là sont des illusions!
Poëtes, suivez-les, vos blanches visions,
Dans le monde idéal, sous les splendeurs divines.

Mais, quand vous n'aurez plus la couronne de fleurs,
Ne vous étonnez pas de répandre des pleurs;
Car vous aurez au front la couronne d'épines.

XII

LES DEUX SIÈCLES.

Notre siècle est plus grand que le siècle passé ;
Le Christ est revenu, la couronne d'épines
Arrose encor nos cœurs de ses gouttes divines ;
Le rire de Voltaire a pour jamais cessé.

O galant Crébillon ! ton trône est renversé !
On ne feuillette plus tes pages libertines
Sur un sofa doré, tout en faisant des mines
A l'abbé qui débite un sermon insensé.

La Nature aujourd'hui, voilà la tentatrice :
On poursuit dans les bois la blanche inspiratrice ;
Le poëme du cœur est le roman qu'on lit.

Maintenant que l'amour refleurit sur la terre,
On aime sous le ciel ; au temps du roi Voltaire,
Le ciel des amoureux, c'était le ciel du lit.

XIII

LES VENDANGES.

Sur le soir, j'écoutais la rustique harmonie.
Je vis la vendangeuse en blanc corset de lin,
Qui, tout en me narguant de son regard malin,
Coupait la grappe noire et la grappe jaunie.

De mon âme aussitôt la pensée est bannie :
« La belle, ton panier n'est pas encore plein,
» Et voilà le soleil d'automne à son déclin :
» Laisse-moi vendanger dans ta vigne bénie ! »

Quel beau soir ! Tout riait et tout chantait en chœur,
Le bois, et la prairie, et la vigne, et mon cœur !
Octobre rembruni donnait encor des fêtes.

Je vendangeai. La nuit, je m'en allai chantant
Ce vieil et gai refrain que Molière aimait tant :
Adieu, paniers, adieu, les vendanges sont faites !

XIV

LA SCIENCE.

J'ai vu de jolis vers dans le vieux Fontenelle.
Huit vers, pas un de plus, mais un huitain charmant :
Seule rose à cueillir en pays si normand,
Où l'on fait des bouquets avec la pimprenelle.

Quand je lis tout rêveur les propos de ma belle,
Quand le poëte en moi l'emporte sur l'amant
Pour suivre la Science en son égarement,
Il me vient de l'alcôve une voix qui m'appelle :

— Il est déjà minuit, pourquoi toujours veiller?
Viens reposer ton front sur un doux oreiller,
Viens reposer ton âme en mon âme ravie.

— Je cherche la Science en ce livre maudit.
— La Science? ignorant! tu ne sais pas la vie!
La Science, c'est moi, le Serpent me l'a dit.

XV

VOYAGE A MA FENÊTRE.

Adieu, je vais partir; déjà la Poésie,
Descendant jusqu'à moi, vient me donner la main;
Je pars, mais sans savoir où je serai demain :
Dans la vieille Amérique ou dans la jeune Asie.

Je pars! je vais partout où va ma fantaisie;
Ici-bas, nul ne peut m'indiquer mon chemin;
Je vais à l'idéal — ô vieil orgueil humain! —
Cherchant la vision que je n'ai pas saisie.

Oui, comme la Mignon du rêveur allemand,
Les yeux toujours levés vers le bleu firmament,
Sans voir jamais le puits où l'astrologue tombe,

Je vais! cherchant toujours le pays inconnu,
D'où — regret éternel! — tout poëte est venu,
Mais qu'il ne reverra qu'en passant par la tombe.

XVI

CHATEAU EN ESPAGNE.

De bâtir des palais — rêves en action ! —
Raphaël, le grand peintre, avait la fantaisie :
Vous élevez le nôtre avec la poésie,
Mais n'en êtes-vous pas l'âme et la vision ?

A vos lèvres d'enfant, avec l'illusion,
Les abeilles d'Hymette ont porté l'ambroisie
Dont on nourrit l'artiste, et Dieu vous a choisie
Pour achever son rêve en la création.

Ah ! ceux qui font les vers ne sont pas les poëtes,
Et les lyres d'argent seraient toujours muettes
Si l'on n'y versait l'âme et le souffle de Dieu.

Notre château, madame, est un riche poëme,
Un pays idéal que le Tasse lui-même
Eût choisi pour Armide en ses rêves de feu.

XVII

LÉLIA.

O fille de l'amour et de la liberté !
O docte Madeleine, ô pécheresse austère,
Ton front est dans le ciel, ta bouche est sur la terre,
Reine de poésie et reine de beauté !

Ton génie adorable est cet arbre enchanté
Qui déjà donne un fruit dont le suc nous altère,
Quand il secoue encore aux abords d'un cratère
La neige des pêchers, lit de virginité.

Nouvel ange déchu, nouvelle Ève punie,
O femme par le cœur, homme par le génie,
Chante et promène-nous dans ton cher Alhambra.

Quand le souffle fatal aura brisé ton aile,
Quand tu seras tombée en la nuit éternelle,
Une étoile de plus sur nous rayonnera.

XVIII

FORTUNIO.

Il cisèle un camée, il caresse un émail ;
Vous croyez qu'il écrit ? Il peint, il sculpte, il grave.
Pour vaincre sa pensée il ne sait pas d'entrave,
A toute strophe ailée il jette son tramail.

Capitaine Fracasse, il montrait son plumail
Avec les airs cassants du galant et du brave ;
Mais l'Art bientôt l'a pris et l'a fait fort et grave :
Son livre sera d'or, d'or sera le fermail.

Comme on voit aux rosiers les branches remontantes
Sourire aux treilles d'or par des fleurs éclatantes,
Sa muse est toujours jeune et chante en souriant.

Comme on voit le matin l'Aurore aux lèvres roses
De son divin baiser réveiller l'Orient,
Ses doigts sous le travail font refleurir les roses.

XIX

LE SULTAN DES FLEURS.

Ce chercheur de printemps qu'on nomme Alphonse Karr,
Le reconnaissez-vous sous cette barbe antique?
Vous aimez son esprit dans sa grâce rustique,
Vous l'aimez pour sa prose — et pour ses bouquets — car

Sa guêpe est une abeille — et le tiers et le quart
A savouré son miel dans l'aiguillon attique;
Il a sous les tilleuls le charme romantique,
Son style est habillé de lin et de brocart.

Il cultive la rose avec le paradoxe,
Il cueille en son jardin perles et diamants,
Et la nature en fête embaume ses romans.

Après avoir vaincu la sottise orthodoxe,
Il se couche sur l'herbe, et, tout au souvenir,
Dans son harem de fleurs il brave l'avenir.

XX

A UNE MÈRE QUI PLEURE.

Treize à table! Elle est morte! elle est morte le treize
Septembre. Nous pleurons et nous aimons nos pleurs.
Sa lèvre, où l'on cueillait la framboise et la fraise,
Ne nous versera plus son âme dans les fleurs.

Pauvre mère! Un enfant est là qu'elle protége;
Quand il sourit, c'est elle, et je la vois en lui :
Ses charmantes vertus lui feront un cortége,
Et déjà sur son front son doux rayon a lui!

A son cher coin du feu je retrouve ses traces :
Sa maison gardera le parfum de ses grâces,
Et ses beaux yeux pour moi ne semblent pas fermés.

Sa beauté corporelle est au sépulcre sombre,
Mais son âme pour nous transfigure son ombre.
Les morts ne sont pas morts pour ceux qu'ils ont aimés !

XXI

A UNE PRINCESSE ARTISTE.

Les princesses jadis ne faisaient pas grand'chose :
L'une courait le cerf en toutes les saisons,
L'autre aimait les tournois après les oraisons ;
Ceci se lit encore au Roman de la rose.

Combien qui, dans la peur du confesseur morose,
Cherchaient pour leur salut de mauvaises raisons !
Le diable avait toujours un pied dans leurs maisons,
Car l'une aimait en vers et l'autre aimait en prose.

Quand l'esprit est muet bientôt le cœur s'endort :
Plus fière, vous avez saisi le pinceau d'or,
Et l'art achève en vous la divine harmonie.

Princesse par le sang, femme par le génie,
Partout où vous passez luit un rayon des cieux :
Votre tableau, chez moi, c'est la fête des yeux.

XXII

LA BONNE FÉE.

Je fuis le vert rivage, — adieu, ma bonne fée ! —
Vous restez au pays de l'éternel printemps,
J'ai cueilli par vos mains des roses au beau temps,
En chantant avec vous les doux hymnes d'Orphée.

Vous êtes l'Idéal; comme le fleuve Alphée,
Vous versez l'eau qui chante aux lèvres de vingt ans;
Vous êtes la Jeunesse en ses rayons flottants;
La Jeunesse! en mes bras je la sens étouffée.

Cependant le vaisseau m'entraîne en pleine mer,
Et, comme l'exilé, dans sa douleur sauvage,
Je crie aux matelots : — Retournons au rivage !

Car j'ai mis au tombeau, là, dans le sable amer,
Mon amour le plus cher, ma maîtresse adorée :
La Jeunesse divine. — Adieu, Muse éplorée !

LIVRE DOUZIÈME.

LA MUSE DE L'HISTOIRE.

XII

LA MUSE DE L'HISTOIRE.

I

STROPHES DITES PAR MADEMOISELLE RACHEL
A LA REPRÉSENTATION
DONNÉE A L'EMPEREUR NAPOLÉON III.

I

Je suis la Muse de l'Histoire,
Mon livre est de marbre ou d'airain;
Quand vient l'heure de la victoire,
Je prends mon style souverain.

Phidias, l'autre Prométhée,
Qui des hommes a fait des dieux,
En son Parthénon m'a sculptée
Pied sur terre et front dans les cieux.

Un cycle rayonnant commence :
Le vieux monde s'est réveillé;
Déjà, dans l'horizon immense,
L'étoile d'or a scintillé.

II

L'Empire, c'est la paix! la paix sera féconde;
Quand Dieu veut que du Nil les flots soient assoupis,
Où le Nil débordait jaillissent les épis :
L'Empire a débordé pour féconder le monde!

Continuant cette œuvre, il pourra la signer,
L'héritier du grand nom qui dominait naguère;
L'Empereur a légué la gloire, et non la guerre :
Triompher dans la paix, aujourd'hui, c'est régner.

Grande ruche en travail par les beaux-arts charmée,
Paris, une autre Athène! Alger, une autre Tyr!
Des landes à peupler, des villes à bâtir,
Voilà les bulletins de notre Grande Armée!

Sous le même drapeau, vainqueur des factions,
Ramener les enfants de la mère patrie;
Consoler tes douleurs, ô Niobé meurtrie!
Et convier le peuple aux grandes actions.

Saluons, saluons la fête universelle
Que promet le travail et que bénira Dieu :
La vapeur entr'ouvrant ses cent ailes de feu,
Et les sillons où l'or de nos gerbes ruisselle!

III

L'aigle a repris son vol et plane sur nos champs.
Sous un ciel radieux la France enfin respire,
Et rêve en souriant un immortel empire
Qu'un peuple enthousiaste acclame de ses chants.

Refaisons des tableaux dignes de la Genèse ;
Que tout renaisse et vive, et que de toute part
Les plus déshérités puissent prendre leur part
A ces amples festins que peignait Véronèse.

Les Muses, qu'effrayaient tant de cris inhumains,
Vers les cieux en pleurant remontaient désolées :
Muses, revenez-nous, calmes et consolées,
Sous les arcs de triomphe élevés par nos mains.

Que l'art, les monuments, les tableaux, les statues,
Prince, disent tout haut quels jours tu nous as faits,
Et comment, sous l'éclat de tes hardis bienfaits,
Les sourdes passions devant toi se sont tues.

O prince ! l'avenir qu'hier tu fécondas
Nous promet les splendeurs des âges magnifiques ;
Et, pour suivre avec toi tes aigles pacifiques,
Les Français, tu l'as dit, seront tous tes soldats.

IV

Je suis la Muse prophétique,
Le passé me dit l'avenir;
Toujours jeune et toujours antique,
Le monde ne doit pas finir.

Les abeilles sont revenues,
Étoiles du manteau vermeil,
Et l'aigle monte dans les nues,
Monte, monte jusqu'au soleil!

La jeune France martiale,
Qui va guidant l'humanité,
Avec l'idée impériale
Rentre enfin dans sa majesté.

II

LE 24 FÉVRIER.

Le monde a-t-il fini son temps ?
Pour venger la misère humaine,
Le Dieu des colères amène
Un déluge aux flots éclatants.

L'arc-en-ciel de l'amour a traversé les nues :
Heures de l'âge d'or, êtes-vous revenues ?

Au vieux palais du roi proscrit
Que la vague immense environne,
Il ne reste qu'une couronne :
La couronne de Jésus-Christ !

L'arc-en-ciel de l'amour a traversé les nues :
Heures de l'âge d'or, êtes-vous revenues ?

Le monde renaîtra demain ;
Voyez : sur la vague qui marche,
Le doigt de Dieu conduit une arche :
C'est l'arche du salut humain.

L'arc-en-ciel de l'amour a traversé les nues :
Heures de l'âge d'or, êtes-vous revenues ?

Symbole à jamais désiré,
Que notre colombe divine
S'envole où déjà l'on devine
La rive du rameau sacré.

L'arc-en-ciel de l'amour a traversé les nues :
Heures de l'âge d'or, êtes-vous revenues ?

III

MOLIÈRE.

VERS DITS PAR MADEMOISELLE BROHAN
POUR L'ANNIVERSAIRE DE LA NAISSANCE DE MOLIÈRE.

Racine est presque un Grec, Corneille est un Romain;
Molière, tout Français, a marqué son chemin
Sur le vieux sol gaulois avec sa muse franche
Qui marchait nez au vent et le poing sur la hanche,
OEil vif, gorge orgueilleuse et bonnet de travers,
Raillant les faux atours autant que les beaux airs;
Belle fille, portant sa dent inassouvie
Sur les travers du monde et les fruits de la vie,
En faisant éclater, du soir jusqu'au matin,
Sa gaieté pétillante et son rire argentin.
Comme on voit la grenade, au fond d'or des campagnes,
Ouvrir sa lèvre rouge au soleil des Espagnes.

Le roi Louis Quatorze a traversé le Rhin,
Mais que nous reste-t-il de ce bruit souverain?
Il nous reste Molière et sa verte ironie :
La conquête, c'est l'art; le roi, c'est le génie!

Si Louis revenait du royaume des morts
Sourire à son passé sans peur et sans remords,
Évoquant sa première ou dernière victoire,
Recherchant son Paris, recherchant son histoire,
Il ne retrouverait, en sortant du tombeau,
Que ta maison, Molière, un Versailles plus beau!

Arche sainte, qui vogue et porte d'âge en âge
Le rire des aïeux, le meilleur héritage;
Panthéon tout vivant, glorieuse maison,
Où le pampre fleurit aux mains de la raison;
Où, comme un beau fruit mûr sur l'espalier qui ploie,
On voit s'épanouir et rayonner la joie;
Où la gaieté gauloise, âme de la chanson,
Court comme un soleil d'or sur la blonde moisson;
Où l'on entend sonner tes grelots, ô Folie!
Toi qu'adorait Érasme en sa mélancolie.

Molière! qui dira les larmes de son cœur,
Quand son esprit jetait un cri grave et moqueur;
Quand le rire charmant, familier à Montaigne,
A tous ceux dont l'esprit est gai, dont le cœur saigne,
Passait sur sa figure inquiète, où Mignard
Trouvait la passion, la poésie et l'art?

Pour lui la Vérité, dans sa verve brûlante,
Sortait du fonds du puits encore ruisselante,

Et dans sa coupe d'or ou dans son broc divin,
Miracle de son art, l'eau se changeait en vin !
Dans son puissant amour, quand il l'avait saisie
A plein corps, il disait : Je tiens la poésie !
Muse au masque rieur, vivante Vérité,
D'un manteau de cheveux couvrant sa nudité.

Saluons, saluons cette muse hardie,
Montrant sa jambe fière en plein marbre arrondie,
Et son rire gaulois armé de blanches dents,
Et ses beaux yeux taillés dans les prismes ardents.

Comme on voit en avril les vives giroflées
Égayant votre front, ruines désolées,
Molière, c'est le rire éclatant et profond
Qui survivra toujours aux choses qui s'en vont.

LIVRE TREIZIÈME.

CHANSONS.

XIII

CHANSONS.

I

L'ÉCHELLE DE SOIE.

On entend au loin la chanson des merles ;
O ménétrier ! prends ton violon.
Les gais rossignols égrènent des perles ;
Quel beau soir ! Dansez, filles d'Avallon !

Vers ce vieux château dont la tour hautaine
Profile son ombre au fond du ravin,
Voyez-vous courir ce beau capitaine ?
Celle qui l'attend attend-elle en vain ?

L'étoile scintille à travers la nue;
L'amant vient d'entrer, tirons les verrous :
Chut! car le mari, seul dans l'avenue,
Tient bien son épée et parle aux hiboux.

On entend au loin la chanson des merles;
O ménétrier! prends ton violon.
Les gais rossignols égrènent des perles;
Quel beau soir! Dansez, filles d'Avallon!

Les cheveux épars, la blanche amoureuse,
Comme Juliette à son Roméo,
Dit à son amant : Que je suis heureuse!
Ah! chantons toujours le divin duo!

Jamais deux amants, sous le ciel avare,
N'ont ainsi nagé dans l'enivrement;
Mais l'heure a sonné, l'heure qui sépare :
Adieu, ma maîtresse! Adieu, mon amant!

On entend au loin la chanson des merles;
O ménétrier! prends ton violon.
Les gais rossignols égrènent des perles;
Quel beau soir! Dansez, filles d'Avallon!

Mais sous le balcon d'où la noble dame
Dit encore adieu les yeux tout en pleurs,
On a vu soudain briller une lame,
Et le sang jaillir sur les blanches fleurs.

La dame, éperdue, à l'horreur en proie,
Se jette à genoux pour prier l'Amour.
Elle avait laissé l'échelle de soie :
Voilà le mari qui monte à son tour.

On entend au loin la chanson des merles ;
O ménétrier ! prends ton violon.
Les gais rossignols égrènent des perles ;
Quel beau soir ! Dansez, filles d'Avallon !

— Madame, c'est moi ; voyez mon épée ;
Ne devais-je pas laver mon affront ?
Voyez : dans son sang je l'ai bien trempée. —
Il dit, et lui jette une goutte au front.

Madame, vivez ; mais que votre bouche
Baise cette épée : elle me vengea.
— Vivre ainsi ? jamais ! Ah ! votre œil farouche
Ne me fait pas peur, car je meurs déjà.

On entend au loin la chanson des merles ;
O ménétrier ! prends ton violon.
Les gais rossignols égrènent des perles ;
Quel beau soir ! Dansez, filles d'Avallon !

De la main sanglante elle prend la lame,
La porte à sa bouche et baise le sang.
Horrible spectacle à nous glacer l'âme,
Sombre tragédie, acte saisissant !

Soudain la voilà qui, dans la croisée,
Se frappe trois coups : c'est le dénoûment.
Et son sang jaillit, brûlante rosée,
Sur le front glacé de son pâle amant.

On entend au loin la chanson des merles;
O ménétrier! prends ton violon.
Les gais rossignols égrènent des perles;
Quel beau soir! Dansez, filles d'Avallon!

II

LA CHANSON

DE CEUX QUI AIMENT TOUJOURS.

Aimons-nous follement !
C'est la chanson, ma mie,
Que dit le cœur de ton amant
A chaque battement.
La plus belle folie
Sous le ciel d'Italie,
C'est d'aimer follement !

Aimons-nous follement !
La science de vivre
Est de mourir tout doucement
Près de ton sein charmant
Où l'Amour, étant ivre,
Écrivit ce beau livre :
Aimons-nous follement !

Aimons-nous follement
Jusqu'à la frénésie !
Que dit l'étoile au firmament,
La rose à son amant,
La lèvre à l'ambroisie,
L'Art à la Poésie?
Aimons-nous follement !

III

LA CHANSON

DE CEUX QUI N'AIMENT PLUS.

MUSIQUE DE SCHUBERT.

Qui l'a donc sitôt fauchée,
  La fleur des moissons ?
Qui l'a donc effarouchée,
  La Muse aux chansons ?

Je n'aime plus ! qu'on m'enterre,
  Le ciel s'est fermé.
Je retombe sur la terre,
  Le cœur abîmé.

Te souviens-tu, ma maîtresse,
  Mon cœur s'en souvient !
Des aubes de notre ivresse ?
  Déjà la nuit vient.

Faut-il que je te rappelle
　　Les doux Alhambras
Que nous bâtissions, ma belle,
　　En ouvrant nos bras?

Ta bouche fraîche, ô ma mie!
　　Ne m'enivre plus,
Déjà la vague endormie
　　Est à son reflux.

Quoi! plus d'Ève qui m'enchante!
　　Plus de paradis!
Faut-il donc que mon cœur chante
　　Son *De profundis?*

Elle est ouverte, ma tombe,
　　Et va se fermer.
Oui, j'en mourrai, ma colombe,
　　Du doux mal d'aimer.

Ou plutôt, pour cénotaphe,
　　Je prendrai Martha,
Qui mettra pour épitaphe :
　　— Il ressuscita! —

IV

LA FONTAINE.

Il est une claire fontaine,
Qui murmure nonchalamment
Non loin d'un cabaret flamand.

Le soir, dès que l'ombre incertaine
A jeté ses voiles flottants
Sur la vieille épaule du Temps;

Quand l'abeille rentre à la ruche,
La Flamande portant sa cruche
Y va rêver à son amant.

Son amant, dans l'ombre incertaine,
Vient s'enivrer à la fontaine
Bien mieux qu'au cabaret flamand.

V

SOUPIR.

La nuit avec amour se penche sur la terre!

Le ciel de juin s'enflamme à l'horizon,
Et la rosée argente le gazon.

Toute ramée en fleur abrite un doux mystère!

La chanson que j'entends au loin
Me fait tressaillir d'allégresse :
C'est la chanson de ma maîtresse,
Bouquet de pampre et de sainfoin.

Toute ramée en fleur abrite un doux mystère!

Les rossignols chantent l'amour en chœur;
Je vous attends, vous, l'âme de mon cœur :

La nuit avec amour se penche sur la terre!

VI

SAULES PLEUREURS.

DÉDIÉ A LULLY.

Elle passe comme le vent,
Ma jeunesse douce et sauvage!
Ma joie est d'y penser souvent :
Elle passe comme le vent,
Mon cœur la poursuit en rêvant,
Quand je suis seul sur le rivage.
Elle passe comme le vent
Avec l'amour qui la ravage.

Elle fuit, la belle saison,
Avec la coupe de l'ivresse.
Adieu, printemps! adieu, chanson!
Elle fuit, la belle saison.
Je n'irai plus vers l'horizon
Chercher la muse ou la maîtresse!
Elle fuit, la belle saison :
Adieu donc, adieu, charmeresse.

Que de larmes! que de regrets!
Toi dont mon âme fut ravie
Déjà si loin, — encor si près!
Que de larmes! que de regrets!
Mes mains ont planté le cyprès
Sur les chimères de ma vie :
Que de larmes! que de regrets!
Adieu, mon cœur! adieu, ma mie!

VII

LES TROIS AMOUREUX.

MUSIQUE D'OFFENBACH.

Jeanne est si blonde, qu'elle est rousse.
Le jour de Pâque elle s'en va
Cueillir l'aubépine qui pousse,
Qui pousse, pousse et fleurira.

La belle, en robe des dimanches,
Rubans roses, fichu coquet,
Gaspille les fleurs sur les branches
Pour se faire un joli bouquet.

Elle s'endormit sur la mousse,
Mais sa bouche encor respira
L'aubépine qui pousse, pousse,
Qui pousse, pousse et fleurira.

Trois chasseurs courant le bocage
La surprirent dans son sommeil,
Comme un oiseau dans une cage
Rêvant à l'horizon vermeil.

Le premier d'une voix bien douce
Lui dit : « Je t'aime, » et l'embrassa
Près de l'aubépine qui pousse,
Qui pousse, pousse et fleurira.

Elle rêvait que d'aventure
Elle était biche, et que les loups
La poursuivaient sous la ramure :
Elle était sens dessus dessous.

Le second sur le lit de mousse
Cueillit à son sein qu'il baisa,
Cueillit l'aubépine qui pousse,
Qui pousse, pousse, et la piqua.

Le troisième, genoux en terre,
Tout doucement la réveilla.
Que lui dit-il ? C'est un mystère,
L'écho du bois ne le dira !

Car s'il le disait, brune ou rousse,
Vous iriez toutes, çà de là,
Cueillir l'aubépine qui pousse,
Qui pousse, pousse et piquera.

VIII

LA VALSE.

Tu valses comme une Allemande,
O ma maîtresse au front joyeux !
Qu'ils sont bien fendus en amande,
    Tes yeux !

J'aime tes lèvres insensées,
Ton esprit vif comme un beau jour,
Qui berce de folles pensées
    D'amour.

J'aime la rose que soulève
Ton corsage séditieux,
Ton doux regard qui suit ton rêve
    Aux cieux.

Enfin tu m'as pris dans ton charme ;
Mais ce que j'aime mieux de toi,
Rieuse enfant, c'est une larme
    Pour moi.

IX

LES CLEFS DU PARADIS.

Mars refleurit et veut que je renaisse ;
Ne chantons plus une triste chanson.
Pourquoi porter le deuil de la jeunesse ?
Le cœur humain n'a-t-il qu'une saison ?

Après la nuit, l'aurore insouciante
Au feu du ciel rallume ses flambeaux.
Après l'hyver, la nature est riante :
Ne voit-on pas des fleurs sur les tombeaux ?

Allons, mon cœur, laissez-vous un peu vivre :
Le ciel est bleu, la moisson est en fleur ;
De ce vieux monde ouvrons encor le livre,
Et qu'un baiser boive mon dernier pleur.

Elle était blonde, il en est qui sont brunes,
Je ressaisis l'espérance et je dis :
Il faut aimer ! J'en connais quelques-unes
Ayant encor les clefs du Paradis.

X

LE RENOUVEAU.

Le souvenir, un mauvais livre,
Jetons-en les pages au vent.
Ah! du passé qu'on me délivre,
C'est la tombe — je suis vivant!

Le renouveau frappe à ma porte,
Armé de vos yeux d'outre-mer,
Et sur votre bouche il m'apporte
Les fleurs de l'idéal amer.

Hélas! il faut qu'avril m'oublie :
Quand les lilas vont refleurir,
J'irai tout seul dans ma folie,
Ne pouvant vivre ni mourir?

Fais-moi mourir, ô ténébreuse!
Si tu veux la mort du pécheur.
Deviens la tombe que je creuse,
Beau marbre éclatant de blancheur!

XI

CELLE QUI A TROP AIMÉ.

Au bord de l'étang d'Aigues-Belle,
Au mois de mai, dans sa fraîcheur,
J'ai vu revenir Isabelle
Appuyée au bras du pêcheur,
Comme une fleur sous son ombelle.
Le pêcheur lui prit à la main
Une fleur cueillie en chemin.
Ce jour-là, comme elle était belle,
Au bord de l'étang d'Aigues-Belle !

Au bord de l'étang d'Aigues-Belle,
Se cachant le front dans la main,
Un beau jour d'octobre, Isabelle
Pleurait seule sur le chemin :
Sans doute pour une plus belle
L'amoureux s'en était allé.
Ce jour-là, quel cœur désolé
Battait dans le sein d'Isabelle,
Au bord de l'étang d'Aigues-Belle !

Au bord de l'étang d'Aigues-Belle,
Quand la neige eut tout recouvert,
J'ai cherché partout Isabelle,
Mais je n'ai trouvé que l'hyver.
Où donc avait passé la belle?
J'ai traversé l'étang deux fois,
Écoutant le vent dans les bois.
Où donc étiez-vous, Isabelle?
— Au fond de l'étang d'Aigues-Belle.

XII

L'OISEAU BLEU.

Dans mon âme il est un bocage,
Un bocage aux abords touffus :
D'un bel oiseau bleu c'est la cage,
Et j'écoute ses chants confus.

Dans mon âme il est une source
Qui ravage fleurs et gazons;
Au bruit funèbre de sa course
L'oiseau s'endort; adieu, chansons!

A travers la feuille ondoyante
Il vient souvent un soleil d'or
Pour tarir la source bruyante
Et réveiller l'oiseau qui dort.

L'oiseau bleu, c'est l'amour, ma belle;
La source est celle de mes pleurs;
Le soleil que mon âme appelle,
Ce sont tes yeux semant des fleurs.

XIII

LA FILLE D'ÈVE.

Dites-moi donc pourquoi, maman,
Mon regard se perd dans les nues;
Pourquoi mon âme, un beau roman,
M'ouvre des pages inconnues?

Comme la biche au son du cor,
Je vais sans savoir où, ma mère!
Je ne lisais hier encor
Que les pages de la grammaire.

Aujourd'hui, j'entr'ouvre en tremblant
Le livre doré de la vie,
Et sur le premier feuillet blanc
Hésite mon âme ravie.

Mes yeux ont un prisme : je vois
Le ciel plus bleu; dans la prairie
L'herbe plus verte; dans le bois
Ma chimère et ma rêverie!

Comprenez-vous ce que je dis?
Curieuse, loin de la terre,
Je vais cueillir au Paradis
La pomme d'Ève qui m'altère.

J'ai beau redire mes *Ave,*
Je ne sais quel démon m'emporte.
Le Paradis est retrouvé :
Ève avait mal fermé la porte.

XIV

LA MORT DU CŒUR.

MUSIQUE D'ARSÈNE HOUSSAYE.

O beau pays couvert de roses
Dont je suis à jamais banni !
O beau pays couvert de roses,
Qui chantait de si douces choses !
Pourquoi tant de métamorphoses ?
    Tout est fini !

Mes bras sur ma blanche maîtresse
Se sont fermés dans l'infini !
Mes bras sur ma blanche maîtresse.
Mais à la première caresse
J'ai vu mourir la charmeresse.
    Tout est fini !

La moisson n'était pas fauchée,
Le pampre n'avait pas jauni ;
La moisson n'était pas fauchée,

La mort sur elle s'est penchée
Et dans le linceul l'a couchée.
    Tout est fini !

J'entends le vent d'hyver qui brame,
Chassant l'automne au sein bruni,
J'entends le vent d'hiver qui brame,
La neige tombe sur mon âme;
La Mort me dit : Je suis ta femme.
    Tout est fini !

XV

ALINE.

J'ai vu sur la colline,
Pieds nus, cheveux au vent,
  Aline
Qui s'en allait rêvant.

Pour elle toutes choses
Riaient, et les buissons
  De roses
Lui chantaient des chansons.

J'ai vu sur la colline,
Le sein tout palpitant,
  Aline
Qui s'en allait chantant.

Riant de la rebelle,
Un soldat avait pris
  La belle :
L'innocence a son prix.

J'ai vu sur la colline,
Son chagrin était grand!
  Aline
Qui s'en allait pleurant.

Le soldat infidèle
Buvait, en vert galant,
  Loin d'elle,
L'amour et le vin blanc.

J'ai vu sur la colline
Une fosse au printemps.
  Aline
Y dormait pour longtemps.

XVI

BÉRANGER A L'ACADÉMIE.

AIR CONNU.

Non, mes amis, non, je ne veux rien être;
C'est là ma gloire! adressez-vous ailleurs.
Pour l'Institut Dieu ne m'a pas fait naître,
Vous avez tant de poëtes meilleurs!
Je ne sais rien qu'aimer, chanter et vivre,
Et je veux vivre encore une saison!
Je n'y vois plus; Lisette est mon seul livre :
Mon Institut, à moi, c'est ma maison.

Qu'irais-je faire en votre compagnie?
Il me faudrait écrire un long discours!
A mes chansons j'ai borné mon génie,
Et, si mes vers sont bons, c'est qu'ils sont courts.
Ici, messieurs, la Muse est familière,
Pourvu qu'on ait la rime et la raison.
Ici Courier a commenté Molière...
L'Académie était de ma maison.

Vous le voyez, c'est la maison du sage,
Et l'hirondelle y revient au printemps ;
Je suis comme elle un oiseau de passage,
Depuis Noé j'ai parcouru les temps.
Je fus un Grec au siècle d'Aspasie,
J'ai consolé Socrate en sa prison ;
Homère est là : chantez, ma poésie !
J'ai réveillé les dieux dans ma maison.

Hier, j'étais sur le pas de ma porte,
Quand l'Orient soudain s'illumina...
Qu'entends-je au loin? Le vent du soir m'apporte
Les airs connus d'Arcole et d'Iéna !
Ils sont partis, les jeunes gens stoïques :
Quatre-vingt-neuf, ils gardent ton blason !
Dieu soit en aide aux soldats héroïques !
Je les bénis du seuil de ma maison.

Vos verts rameaux ceignent des fronts moroses ;
Il ne faut pas les toucher de trop près,
Je veux mourir en respirant des roses,
Et vos lauriers ressemblent aux cyprès.
Roseau chantant, déjà ma tête plie,
Laissez-moi l'air, laissez-moi l'horizon !
Immortel, moi ! Mais, chut ! la Mort m'oublie...
Si vous alliez lui montrer ma maison !

XVII

DÉSAUGIERS A L'ACADÉMIE.

AIR CONNU.

Un fauteuil les bras ouverts !
    Mais j'en suis indigne,
Car les meilleurs de mes vers
    Chantent sous la vigne.

Loin de vous j'ai navigué,
Toujours libre et toujours gai ;
    J'aime mieux ma mie,
        O gué !
    Que l'Académie.

Le vin coule sur mes jours
    Comme une fontaine.
Je suis Jean qui rit toujours,
    Vrai Jean La Fontaine.

Loin de vous j'ai navigué,
Toujours libre et toujours gai ;
  J'aime mieux ma mie,
    O gué !
  Que l'Académie.

On ne chante pas chez vous,
  Et l'on n'y boit guère.
Mes discours sont des glouglous :
  Que dirait mon verre ?

Loin de vous j'ai navigué,
Toujours libre et toujours gai ;
  J'aime mieux ma mie,
    O gué !
  Que l'Académie.

Je désapprends mon latin
  Sur deux lèvres roses,
Et n'aime soir et matin
  Que l'esprit des roses.

Loin de vous j'ai navigué,
Toujours libre et toujours gai ;
  J'aime mieux ma mie,
    O gué !
  Que l'Académie.

La fille du cabaret,
  Brune, rousse ou blonde,
Me verse avec son claret
  Tout l'espoir du monde.

Loin de vous j'ai navigué,
Toujours libre et toujours gai ;
 J'aime mieux ma mie,
  O gué !
 Que l'Académie.

L'Institut a l'air en deuil,
 Ne vous en déplaise :
Offrez donc votre fauteuil
 Au Père Lachaise.

Loin de vous j'ai navigué,
Toujours libre et toujours gai ;
 J'aime mieux ma mie,
  O gué !
 Que l'Académie.

XVIII

MIGNON

REVENANT AU PAYS.

Dans le bleu pays des verts orangers,
Pays où j'ai bu le lait de ma mère,
Je vivais gaîment; mais des étrangers
M'ont prise un matin pour la vie amère.

Ils m'ont entraînée aux pays brumeux,
Moi, le doux grillon qui chantais dans l'âtre;
Et, morte de froid, je chantais comme eux,
De folles chansons sur un gai théâtre.

Ah! que j'ai pleuré mon pays perdu,
Le doux coin du monde où Dieu m'avait mise!
Mais mon cri de mort ne fut entendu
Par aucun des tiens, ô terre promise!

La mort sur ma joue a mis sa pâleur,
Que de fois j'ai dit à ma pauvre harpe
Tout mon désespoir, toute ma douleur :
Mes pleurs ont souvent lavé mon écharpe !

Enfin j'ai quitté le chemin fatal,
Croyant retrouver ma candeur flétrie :
Je reviens; hélas! le pays natal,
C'est le ciel : — le ciel, la seule patrie !

XIX

L'AUMONE.

C'est le soir, l'heure du poëte,
Le laboureur quitte son champ,
La nature devient muette
Aux splendeurs du soleil couchant.

Là-bas, au pied de la colline,
Sur un lit moufflu de gazon,
S'arrête Rose l'orpheline,
Pour voir les feux de l'horizon.

C'est une fille de Bohème
Qui traîne son mauvais destin;
Sa voix a la grâce suprême,
Quand elle a jeûné le matin!

Un chasseur, battant la pâture,
Vient à passer sur son chemin;

Soudain la pauvre créature
Se lève en lui tendant la main.

Si blanche était la main de Rose !
Sentant ses lèvres s'embraser,
Le jeune chasseur y dépose
L'aumône du cœur : — un baiser.

XX

L'ÉTOILE.

VIEILLE ROMANCE.

L'oiseau jetait ses perles sur la branche,
La pâle lune argentait le gazon,
Dans la vallée, Isaure, blonde et blanche,
Chantait, les yeux perdus à l'horizon :

« Bien loin, bien loin, vers le pays du Maure,
Avec mon âme il traverse les mers;
Veuillez, mon Dieu, qu'un souvenir d'Isaure
Chasse en passant tous ses songes amers !

» Veuillez, Seigneur, que mon souvenir luise
Aux yeux d'Hector, et qu'il échappe aux flots.
Veuillez, Seigneur, que l'amour le conduise,
Et qu'il s'endorme aux chants des matelots.

» Tu reparais dans le ciel, isolée,
Ma belle étoile aux rayons amoureux;

Quand, pour te voir, je viens dans la vallée,
Hector vers toi lève un regard heureux. »

Isaure entend gronder au loin l'orage,
Et sur l'étoile un nuage a passé !
La mer mugit, c'est encore un naufrage :
La pauvre enfant tombe le cœur glacé.

Le lendemain, couverte d'un long voile,
Elle éclatait en regrets superflus,
Et s'écriait en contemplant l'étoile :
« Pourquoi briller puisqu'il ne te voit plus ? »

XXI

LA CHANSON DU PATRE.

Un soir, au fond du Bois aux Loups,
J'ai vu Berthe sous un grand arbre;
Son œil eût animé le marbre :
Ah! que son sourire était doux!

Elle allait au château gothique,
Moi, je venais de mon taudis;
Pourtant l'oiseau du paradis
Nous chantait le même cantique.

Depuis, tous les soirs je reviens;
C'est pour moi seul que l'oiseau chante
Sa chanson aiguë et touchante.
Mon pauvre cœur, tu t'en souviens!

J'ai vu Berthe sous un grand arbre
Un soir au fond du Bois aux Loups.
Ah! que son sourire était doux!
Je suis homme, j'étais un marbre.

XXII

LA RENCONTRE.

Quand ma bouche amoureuse
  Baisa
La blanche et savoureuse
  Rosa,

Ma main, toujours galante,
  Cherchait
Ce que la nonchalante
  Cachait.

Cependant l'ingénue,
  Rêvant,
Montrait sa jambe nue
  Au vent.

Soudain je lui dérobe
  Son plaid.
Son sein blanc sous sa robe
  Tremblait.

Mainte fois sur sa joue
 En fleurs
Je bois et je déjoue
 Ses pleurs.

Que la belle était belle
 Ainsi,
Provocante et rebelle
 Aussi!

Mais sur l'herbe étoilée,
 Rosa,
Fuyant échevelée,
 Glissa.

O pauvre robe blanche!
 Voilà
Qu'un merle sur la branche
 Siffla.

Rose était une perle.
 — Mon cœur
Brava bientôt le merle
 Moqueur.

XXIII

CELLE QUI N'A PAS AIMÉ.

VERS ROCOCO.

Sur le chemin de la fontaine,
Tout parfumé de serpolet,
Hier j'ai revu Madeleine;
Une larme à ses yeux tremblait.

Tout en foulant la marjolaine,
La pauvre fille chancelait.
Pourquoi donc pleurait Madeleine,
Quand la colombe roucoulait?

A-t-elle perdu sa magie?
Pour elle la folle chanson
N'est-elle plus qu'une élégie
Qui pleure à l'ombre du buisson?

Elle était si rose et si fraîche,
Quel chagrin l'a changée ainsi?
Quel chagrin sur son teint de pêche
A répandu l'amer souci?

Elle est seule. Où sont ses compagnes?
L'an passé l'Amour et l'Hymen,
Pour peupler ces belles campagnes,
Sont venus leur prendre la main.

Mes amis, plaignez Madeleine
Traînant ses regrets superflus
Sur le chemin de la fontaine,
Où ses compagnes ne vont plus.

XXIV

LES FOLIES.

La plus belle folie,
O ma blonde Ophélie !
C'est de te couronner des fleurs du sentiment.
Ma plus belle folie,
C'est d'être ton amant.

Ma plus chère folie,
O ma coupe sans lie !
C'est de boire à ta bouche un baiser enivrant.
Ma plus chère folie,
C'est ton sein odorant.

Ma plus douce folie,
O ma beauté pâlie !
C'est d'aller dans tes bras chercher le paradis.
Ma plus douce folie
Est tout ce que tu dis.

Ma plus docte folie,
O maîtresse, ma mie!
C'est d'oublier mon cœur dans ton embrassement.
Ma plus docte folie,
C'est d'aimer follement.

XXV

DEVANT UN PORTRAIT
DE MADAME DE PARABÈRE.

Ah! Ninon! le beau temps! l'air était imprégné
De folie et d'amour; le cœur était baigné
Des légères vapeurs d'une aube rose et bleue;
On traînait en rêvant l'altière robe à queue.

On suivait Cupido, ses fleurs et son carquois,
Qui vous montrait la route avec ses yeux narquois.
On allait follement au bras de la Folie,
Ne sachant rien encor de la Mélancolie.

On était sans souci du sombre lendemain,
On foulait l'herbe et non les ronces du chemin;
Les saints avaient là-haut bien du fil à retordre,
Car à la pomme d'Ève on savait si bien mordre!

On n'avait pas pour rien créé les paravents,
Il fallait bien aussi repeupler les couvents :
Quand on avait vécu comme la Madeleine,
Un abbé vous montrait à filer de la laine.

Est-il rien de plus beau que de se repentir?
C'est encor de l'amour... Il est doux de bâtir
La cellule où l'on doit prier jusqu'à la tombe,
Sur la ruine aimée où revient la colombe.

XXVI

LES RUINES.

Au fond du Vermandois, dans un pays charmant,
A deux pas d'un hameau fleuri de belles filles,
La fontaine d'Orsay baigne nonchalamment
Les ruines d'un temple où poussent des charmilles.

J'ai hanté ces débris. C'est un temple romain,
Des hiboux clairvoyants ruine hospitalière,
Squelette que le temps renversera demain,
Enseveli déjà dans un linceul de lierre.

Combien de fois, avant de rentrer au château,
J'ai rafraîchi ma lèvre aux flots de cette source,
M'asseyant sur un socle ou sur un chapiteau
Pour ressaisir encor les songes de ma course.

Et je songeais qu'ainsi la belle antiquité
Fait jaillir à travers les ruines sacrées
La Poésie et l'Art, la Grâce et la Beauté,
Sources où vont puiser les lèvres altérées.

XXVII

LES DEUX ROSES.

Blanche dormait sur le rivage,
Un chevalier passa par là :
« La belle, monte ma sauvage?
— Chevalier, nenni pour cela. »

Mais Blanche n'était pas farouche,
Et la cavale allait au pas.
« La belle, un baiser de ta bouche?
— Beau chevalier, je ne veux pas. »

Le chevalier, sur le passage,
Descend et la prend dans ses bras.
« La belle, quel joli corsage !
— Beau chevalier, tu me perdras. »

La plus fraîche rose du monde
De Blanche embaumait les appas.

« Je m'en vais la cueillir, la blonde.
— Beau chevalier, je ne veux pas. »

Il ouvrit sa gorgette blanche.
O rose ! en ses mains tu tombas !
« Il t'en reste une encor, ma Blanche.
— Mon chevalier, je ne crois pas »

XXVIII

A UNE BÉGUEULE.

Ne forçons point notre talent,
Nous ne ferions rien avec grâce.
Un air de vertu, quoi qu'on fasse,
A moins de prix qu'un air galant.

Lucrèce vaut-elle Aspasie,
Et l'Histoire la Poésie ?
Sois toujours la folle Ninon
Que l'aile de l'amour abrite ;
Ne deviens pas la Maintenon
Sous sa vieille coiffe hypocrite.

D'un air sérieux et moqueur
Tu parles de ta conscience,
Mais moi je ne crois qu'à ton cœur,
Tout pétri de luxuriance.

Ne va pas, avant la saison,
Chercher l'hyver de la raison ;
Reste dans la molle atmosphère,
Ne tente plus de te refaire
Une docte virginité :
Rien n'est beau que la vérité !

XXIX

LE LIT DE JACQUES.

Jacques s'en revenait très-content de la guerre,
Et sa femme oublieuse à lui ne pensait guère.

Il entre chez sa mère et la voit à genoux.
— Ma mère! — C'est mon fils! — Et pour qui priez-vous?

— Pour toi, mon fils. — Et Jeanne? — Elle est là-haut couchée.
— Pourquoi? — Ne sais-tu pas que Jeanne est accouchée?

— Ah! maudit soit la femme et maudit soit l'enfant!
Et moi qui revenais en soldat triomphant....

— Grâce, grâce, mon fils! — Ma mère, à la bataille
J'en ai tué plus d'un au-dessus de ma taille.

— Mon fils, Notre-Seigneur n'a-t-il point pardonné
A la femme adultère? — Est-ce le nouveau-né

Qui crie ainsi, ma mère? — Il prend sa bonne épée,
Dans le sang des Anglais souventes fois trempée.

— Grâce, grâce, mon fils ! — Lui, pâle et chancelant :
— Ma mère, faites-moi couvrir un lit tout blanc.

L'enfant criait toujours. Jacque entr'ouvre une porte :
— O ma femme, pourquoi n'es-tu pas plutôt morte !

Il entre, et déchirant les grands rideaux à fleurs :
— Ah ! comme je l'aimais ! dit-il avec des pleurs.

— Frappe, frappe, dit-elle. — Oui, créature infâme !
Il lève son épée : — O Jeannette ! ô ma femme !

Et c'est lui seul qu'il frappe, en criant : — Mille morts !
J'ai fait mon lit tout blanc et j'y vais sans remords !

XXX

CHANSON
DES GARDES FRANÇAISES.

Mon pauvre cœur est aux abois,
J'aime Margot, Margot, ma mie
Je l'ai dit aux échos des bois ;
C'est que Margot est si jolie !
J'aime Margot à la folie.

Ah ! si Margot m'aimait un peu !
Mais elle aime toute l'armée.
Ah ! Margot, pour l'amour de Dieu,
Que ta chevelure embaumée
N'enchaine plus toute l'armée !

Avec son bonnet de travers,
Sa jupe que le vent relève,
Margot se moque des grands airs ;
C'est la feuille de vigne d'Ève,
Sa jupe que le vent soulève.

O Margot! ta lèvre pâlit
Sous les baisers dont je raffole!
Ouvre-m'oi le ciel de ton lit.
L'amour fut ton maître d'école,
Apprends-moi la sagesse, ô folle!

Si je la rencontre un matin
Au cabaret de la Rapée,
Je combattrai son air mutin
A la pointe de mon épée
Sous les berceaux de la Rapée.

Or vous ne savez pas comment
Mourra Margot, Margot, ma mie :
Le verre en main, quand son amant,
Qu'il soit d'Espagne ou d'Italie,
Lui dira : Tu n'es plus jolie.

LIVRE QUATORZIÈME.

LES CENT VERS DORÉS.

XIV

LES CENT VERS DORÉS.

DÉDIÉ A LÉONARD DE VINCI.

J'ai tout vu : la luxuriance
M'a couronné dans mes vingt ans;
Mais je cherche encor la SCIENCE
Sous l'arbre aux rameaux irritants.

Des visions du vieil Homère
J'ai peuplé tous les Alhambras.
— Païenne ou biblique chimère,
Vous m'avez brisé dans vos bras!

Pour m'enivrer, je l'ai saisie,
La coupe d'or, aux mains d'Hébé!
Mais, de mes yeux, dans l'ambroisie,
Ah! que de larmes ont tombé!

Souvent envolé sur un rêve,
Rouvrant le Paradis perdu,
Sous l'arbre j'ai surpris mon Ève,
Rêveuse après avoir mordu.

J'ai, dans ma jeunesse irisée,
Vécu comme un aérien,
Poursuivant ma blanche épousée
Au contour euphranorien;

Madeleine la pécheresse,
Avec passion je l'aimai!
Et Diane la chasseresse
D'un vert amour du mois de mai.

J'ai vu Rachel à la fontaine,
Judith, Susanne et Dalilah;
J'ai surpris la Samaritaine
A l'heure où Dieu la consola.

J'ai lu les pages savoureuses
Du beau roman vénitien
Dans le regard des amoureuses
De Giorgione et Titien.

J'ai trouvé la cythéréenne
Dorée au flanc comme un raisin,
Et la pâle hyperboréenne
Ciel dans les yeux et neige au sein.

Diane, je me suis fait pâtre
Pour voir ses pieds nus sur le thym !
D'Aspasie et de Cléopatre
J'ai rallumé le cœur éteint.

Mais ni Zeus, Phidias, Apelles,
Et leurs disciples, n'ont jamais
Peint et sculpté des femmes belles
Comme les femmes que j'aimais.

Qu'est-ce qu'un chef-d'œuvre de marbre
Auprès d'un chef-d'œuvre de chair ?
J'ai vu la Science sous l'Arbre,
Et l'Amour tout seul me fut cher.

Vainement je me passionne
Pour la Sagesse des anciens,
La Minerve de Sicyone
Garde leurs secrets et les siens.

J'ai fait cent fois le tour des choses,
Écoutant Socrate et Zénon.
Je n'aime que l'esprit des roses,
Et la sagesse, c'est Ninon.

O mon esprit ! quand tu t'enivres,
Mon cœur est toujours étouffé,
Comme la Science en ces livres
Dont j'ai fait un auto-da-fé.

Dieux visibles et Dieux occultes,
Du Paradis au Phlégéthon,
J'interroge en vain tous les cultes
Depuis l'autel jusqu'au fronton.

Quand je suis avec les athées,
Je vois rayonner DIEU partout;
Et devant les marbres panthées
Je m'incline et j'adore TOUT.

J'ai reconnu l'autel antique
Avec Platon au Sunium;
Mais j'ai vu l'église gothique,
Et j'ai chanté le *Te Deum!*

Michel-Ange devant sa fresque
M'ouvre un ciel sombre et radieux,
Mais Phidias me prouve presque
Que tous ses marbres sont des dieux.

J'ai, dans le jardin des califes,
Dérobé la tige aux fleurs d'or.
J'ai lu jusqu'aux hiéroglyphes;
J'ai couru jusqu'au Labrador.

Sur les ailes du vieux Saturne,
J'ai cueilli tout fruit où l'on mord;
Mais je commence à sculpter l'urne
Où croissent les fleurs de la mort.

Rabbin, prophète, oracle, brahme,
Les sibylles de la forêt,
L'eau qui chante, le vent qui brame,
Ne m'ont jamais dit le SECRET.

La VÉRITÉ, — la POÉSIE,
Laissent mon cœur inapaisé,
Et devant le Sphinx de Mysie
Je vais, triste, pâle, brisé.

« Sphinx, révèle-moi le mystère !
» Faut-il vivre au ciel éclatant
» Avec son âme, — ou sur la terre
» Avec son corps, toujours flottant ? »

Le Sphinx daigne m'ouvrir son livre
A la page de la Raison :
« C'EST DANS SA MAISON QU'IL FAUT VIVRE,
» LA FENÊTRE SUR L'HORIZON. »

La MAISON, c'est mon corps. La joie
Y fleurit comme un pampre vert :
La FENÊTRE où le jour flamboie,
Ce sont mes yeux : le ciel ouvert !

LIVRE QUINZIÈME.

LA POÉSIE PRIMITIVE.

XV

LA POÉSIE PRIMITIVE.

I

L'AMOUREUSE QUI SE NOURRIT DE ROSES.

I

A Venise, dans un vieux palais visité par les flots bleus de l'Adriatique, j'ai vu un tableau représentant une jeune fille devant une table chargée de roses. Jamais plus idéale volupté ne m'était apparue dans ce pays du Giorgione et du Tasse.

C'est le portrait de Giacinta, peint par son amant Schiavoni.

Muse voyageuse, qui vas recueillant par le monde les larmes de la vie privée, raconte-moi l'histoire du dernier souper de Giacinta.

II

Voici l'histoire de Schiavoni et de Giacinta, un pauvre peintre et une belle fille.

Il commença par être peintre d'enseignes. Né à Sebenico, en Dalmatie, il était venu de bonne heure à Venise, où nul peintre alors célèbre ne daigna lui servir de maître.

Cependant Titien le rencontra un jour qu'il allait, ses tableaux à la main, les offrir à un marchand. Le grand peintre fut surpris de la touche originale de Schiavoni. — Qui donc t'a enseigné ces tons transparents et ces belles attitudes? — Je ne sais pas. — Pourquoi cette pâleur? — J'ai faim.

III

Titien prit la main de Schiavoni et l'emmena à la bibliothèque de Saint-Marc : — Voilà de quoi gagner ton pain.

Schiavoni peignit trois ronds près du campanile, trois chefs-d'œuvre de sentiment.

Mais quand ce fut fini il retomba en pleine misère, car il n'avait travaillé que pour payer ses dettes et passer gaiement le carnaval. Il ne rencontra plus Titien, et n'osa pas aller à lui.

Il se consolait dans l'amour d'une belle fille qu'il avait vue un soir pleurant sur le Rialto. — Pourquoi pleurez-vous? — Mon père est embarqué et ma mère est morte. — Venez avec moi, car moi aussi je pleure, et, comme vous, je suis seul.

Elle le suivit. Elle lui donna sa beauté, il lui donna son cœur. Mais Dieu sans doute ne bénit pas ces fiançailles.

IV

Pourtant ils espérèrent. Lui, le grand peintre, il avait fait de son art un métier; il peignait des enseignes ou des copies. Elle, la belle fille, elle l'aimait jusqu'à en mourir. Ils habitaient une petite maison non loin des palais Barbarigo et Foscari. La nuit, ils entendaient chanter les joies de la vie; ils ne pouvaient s'endormir, parce qu'ils avaient faim.

Giacinta n'avait pas faim pour elle, mais pour ses enfants. Tous les ans, elle avait un enfant de plus, — et huit années déjà s'étaient écoulées depuis la rencontre sur le Rialto. — La Providence a de cruelles ironies.

V

Les Pères de Sainte-Croix vinrent un jour commander une Visitation à Schiavoni : il se mit au travail, croyant que les mauvais jours allaient finir pour sa chère Giacinta. Le tableau achevé, ce fut une fête dans l'église. Venise tout entière vint apporter des fleurs devant la Madone.

Le peintre demeura en l'église jusqu'à la nuit. Quand tous les fidèles se furent retirés, il s'approcha des Pères de Sainte-Croix et leur demanda un peu d'argent. — Nous n'en avons pas; emportez des fleurs, comme un tribut à votre génie.

VI

Schiavoni saisit avec désespoir deux bouquets de roses et s'enfuit comme un fou.

Giacinta était à sa rencontre avec ses huit petits enfants sur le seuil de la porte. — Des bouquets de roses! dit-elle avec son divin sourire. — Oui, voilà quelle est la monnaie des Pères de Sainte-Croix! dit Schiavoni en jetant avec fureur les roses aux pieds de sa maîtresse.

VII

Elle pâlit et ramassa les roses. — Je vais servir le souper, dit-elle; amuse un peu ces pauvres petits.

Schiavoni appela les enfants dans son atelier. Pauvre nichée affamée qui criait misère par tous ses becs roses! Quand il reparut, la table était mise; tous les enfants prirent leur place accoutumée.

Dès que Schiavoni se fut assis, Giacinta lui servit sur deux plats d'étain les bouquets de roses effeuillés.

VIII

Ce fut le dernier souper de Giacinta.

II

LES SIRÈNES.

I

Elles sont toutes là : Aglaophone, Pisinoé, Ligie, Molpo, Parthénope ; les unes nées des baisers de la mer sur le rivage et des baisers du soleil sur la vague amoureuse ; les autres nées des danses de Terpsichore sur le fleuve Achéloüs.

Les Sirènes sont sorties de la mer en chantant, quand Vénus a secoué les perles de son sein, — son sein doux au regard et à la bouche comme une pêche des vergers de l'Olympe.

Elles sont là, — perfides comme les ondes, — groupées sur une île flottante et appelant à elles les lointains passagers.

II

Celles qui, couronnées de perles et d'herbes marines, sont au sommet du rocher, jouant de la flûte et de la cythare, ce sont les *Nymphes de l'Idéal*, celles-là qui chantent les songes de la Poésie.

Elles voudraient entraîner les passagers dans les pays d'outre-mer, où l'Idéal pose ses pieds de feu et ses ailes de neige.

Leurs yeux bleus parlent du ciel, leurs cheveux blonds parlent du soleil.

III

Celles qui, couronnées de perles et de pampre vert, sont renversées dans les herbes fleuries du rocher, ce sont les *Chimères de la Jeunesse*, qui enchaînent le monde dans leurs bras de neige et dans leurs chevelures ondoyantes.

Celles qui, couronnées de corail éclatant comme la braise, sont couchées sur l'eau, enivrées par la mer comme les bacchantes par la grappe foulée, ce sont les *Voluptés*, — charmantes et cruelles.

Celles-là ne chantent pas; mais les flots amoureux chantent en les baisant d'une lèvre furieuse :

LA CHANSON DES SIRÈNES.

Nous sommes les Achéloïdes. Non loin du trône d'or, nageant dans l'azur où l'Amour sourit et répand des roses, nous chantons avec les vents et les vagues.

Nous écrivons nos hymnes sur la mer; mais les dieux jaloux effacent tous les jours nos chansons.

Passagers, qui voulez courir d'un monde à l'autre, arrêtez-vous dans notre palais : nous versons, dans une coupe d'argent, les chastes délices et les altières voluptés.

Nous racontons toutes les joies mystérieuses de Vénus; car nous avons assisté au banquet des dieux : — les dieux qui s'égayent et qui content quand Hébé leur verse l'ambroisie.

Nous enseignons la Paresse qui aime l'Amour, l'Orgueil qui veut escalader le ciel, toutes les passions tendres et violentes.

Lachésis, fille de Jupiter, laisse pendre dans nos mains le fil de ta vie, ô voyageur! Viens à nous, et nous endormirons tes douleurs sur notre sein plus doux que la plume.

Quand on nous a entendues, notre chant s'attache au cœur. Ulysse lui-même était pris par cette chaîne de roses.

Mais Ulysse, attaché au mât du vaisseau par des chaînes de fer, ne pouvait accourir à nous. Ulysse fuyait lâchement devant les passions.

IV

Cependant le passager vient, ébloui par la beauté, enivré par la chanson.

Il se précipite au sommet du rocher, à travers les herbes, les herbes fleuries qui lui déchirent les pieds jusqu'au sang.

Il veut saisir les Nymphes de l'Idéal, mais elles s'évanouissent dans la vague qui passe.

Il tombe dans les bras des Chimères de la Jeunesse, qui le poussent tout meurtri dans les bras insatiables des Voluptés, — les louves et les lionnes sombres et rayonnantes.

V

Il croit sourire à la vie, mais la mort est là qui veille sur les folies de son cœur.

Les Sirènes, ce sont les Passions de la vie, — adorables, folles et cruelles. — Le vrai sage les traverse sans se faire enchaîner au mât du vaisseau; — le poëte ne les fuit pas comme le vieil Ulysse; il se jette éperdument dans leurs bras, il s'enivre de leurs chansons, il creuse sa tombe avec elles.

Car le poëte dit que la sagesse est stérile, surtout quand elle se nomme Pénélope et qu'elle enfante Télémaque.

III

L'HÉLÈNE DE ZEUXIS.

I

Dans l'atelier de Zeuxis, où la lumière orientale ruisselle comme la chevelure blonde de Cérès,

Sept jeunes Athéniennes entrent quand les Heures tressent leurs guirlandes de roses et de soucis sous le soleil couronné de feu.

Le peintre a dénoué leurs ceintures; le péplum tombe à leurs pieds comme le flot écumant qui souleva Vénus.

Elles ne sont plus vêtues que de leurs chevelures flottantes et de la chasteté du peintre. Zeuxis prend sa palette pour chanter un hymne à la Beauté : il va peindre Hélène !

II

La première femme que Jupiter a créée était belle comme un rêve de dieu olympien; mais peu à peu les formes, si parfaites sous la main du Créateur, s'altérèrent en passant par la main des hommes.

La Beauté n'apparut plus aux artistes que par fragments radieux.

Pour peindre Hélène, Zeuxis choisit les sept plus belles filles d'Athènes;

III

Car l'une avait la hanche savoureuse de Vénus; l'autre, la jambe fine et souple de la Chasseresse;

Celle-ci, la figure d'Hébé; celle-là, la grâce des trois Grâces;

La cinquième avait le cou voluptueux de Léda, se détournant des baisers du cygne;

La sixième avait le sein orgueilleux de Junon : on eût dit la neige empourprée par le soleil couchant;

La septième avait la chaste beauté de Daphné, quand elle cachait son flanc de marbre dans un rameau vert. Qui dira jamais les couleurs, la transparence, les veines d'azur de ce beau flanc virginal?

IV

Mais celle-ci, quand le péplum tomba à ses pieds, s'enfuit tout effarée comme une colombe surprise à son premier battement d'ailes amoureux; — ou comme la vestale qui, près du trépied d'or, voit son image rayonnante dans le miroir d'acier poli; — ou comme la chasseresse qui va se baigner à la source et qui est surprise par le pâtre curieux.

Zeuxis ne courut pas après elle; il se contenta des six Athéniennes qui lui dévoilaient leurs beautés.

V

Mais quand Hélène fut peinte :

« Elle est belle, dit l'aréopage ; elle a toutes les beautés des six jeunes filles qui se sont dévoilées à toi, ô Zeuxis! mais il lui manque la pudeur de la septième. »

IV

LE DOMINO ROSE ET LE DOMINO NOIR.

I

Tous les ans, la mort traverse, invisible, les joies du carnaval. On ne s'imagine pas le nombre de belles filles voilées ou radieuses qui se jettent éperdues dans les bras de l'amour et qui se réveillent effarées dans les bras de la mort.

L'an passé, mon ami Rodolphe avait une maîtresse au carnaval; en aura-t-il une cette année? J'en doute, car voici ce qui lui est arrivé.

II

On était à l'avant-dernier bal de l'Opéra. Jeanne Aubry, — vous l'avez connue, anonyme ou pseudonyme, — elle était dans son lit, condamnée à y mourir bientôt. Elle avait tant valsé depuis un mois à travers tous les tourbillons des bals masqués ou non masqués! elle avait tant soupé depuis un mois, elle qui ne déjeunait guère depuis si longtemps! elle avait tant aimé depuis un mois, elle qui avait laissé si peu de place à son cœur dans son corset! Cette belle Jeanne Aubry, si brune avec ses yeux bleus, qui semblait une des têtes voluptueuses et ineffables détachées de la galerie de Prudhon, comme on allait l'oublier vite!

III

Elle en était donc au dernier chapitre de son roman.

— Ma chère Jeanne, lui dit Rodolphe, tu n'iras pas ce soir au bal de l'Opéra, mais je n'irai pas non plus.

Et, jusqu'à minuit, il était resté au chevet du lit de Jeanne, lui parlant du soleil et des joies du printemps.

— Au mois d'avril, ma chère Jeanne, je te louerai une chaumière à Auteuil ou un âne à Montmorency.

Et Jeanne s'était endormie, tout en poursuivant ces rêves bucoliques.

IV

Et quand elle fut profondément endormie, Rodolphe dit à la femme de chambre qu'il sortait pour acheter des cigares, mais qu'il reviendrait presque aussitôt.

Quand Jeanne se réveilla, il était deux heures.

— Rodolphe! dit-elle.

Et elle regarda dans la chambre avec inquiétude.

— C'est cela, dit-elle, il est allé au bal de l'Opéra; je l'ai vu dans mon sommeil qui passait tout joyeux à travers les dominos, comme s'il voyageait dans un pays conquis.

V

Et elle ordonna à la femme de chambre de lui passer sa robe.

— Mais, madame...

— Ne répliquez point; je veux être habillée à l'instant.

Elle retrouva toutes ses forces, comme par magie. Si on parlait d'aller au bal à une amoureuse qui va mourir, elle ne mourrait pas.

Jeanne mit un domino, se blottit dans un coupé, et arriva, vaille que vaille, au foyer de l'Opéra.

VI

Elle alla droit à Rodolphe.

— Est-ce que Jeanne est déjà morte? lui dit-elle d'une voix railleuse.

— Est-ce que tu veux recueillir sa succession? dit Rodolphe en saisissant le domino avec une familiarité un peu galante.

— Trêve de galanterie, dit Jeanne avec fureur, je ne suis pas la première venue.

— Non, tu n'es pas la première venue, mais tu es la dernière venue; c'est pourquoi je te trouve charmante.

— Ah! si mon masque était levé, tu ne dirais plus cela.

— Eh bien, voyons.

VII

Jeanne laissa tomber son masque; elle était si pâle, que Rodolphe crut voir la mort elle-même.

— Jeanne, ma chère Jeanne! dit Rodolphe.

Et il la pressa sur son cœur, car elle n'eut point la force de se défendre.

— Je ne veux pas mourir ici, murmura-t-elle, portez-moi dans un fiacre, et revenez ici chercher des aventures.

Rodolphe prit Jeanne dans ses bras et l'emporta avec une douleur sauvage.

VIII

Il la conduisit chez elle, c'est-à-dire chez lui. Elle était toute glacée en arrivant.

— Va, dit-elle à Rodolphe, je regrette bien d'être revenue, je sens que je ne me réchaufferai pas; j'aurais bien mieux fait de faire un tour de valse avec toi et de mourir sur le champ de bataille. Ah! mon cher Rodolphe, ne me laisse pas mourir ainsi.

On fit un grand feu.

— C'est étonnant, dit-elle, j'ai les pieds dans les charbons, et il me semble que déjà je marche dans le froid de la tombe.

IX

Rodolphe courut lui-même chercher un médecin. Quand ils revinrent tous deux, l'amant et le médecin, il n'y avait plus ni maîtresse ni malade.

La femme de chambre venait de transporter sur le lit une pauvre fille morte.

Jeanne était encore dans son domino noir, profane linceul de cette vie et de cette mort profanes.

X

Rodolphe eut un vif chagrin; il suivit seul, tout seul, cercueil de Jeanne au cimetière. Il se promit d'y remarquer la place et d'y revenir souvent. Il croyait son cœur pour longtemps tout plein de larmes.

Huit jours se passèrent, pendant lesquels il ne sortit qu'une fois pour retourner au cimetière. Il passait ses journées au coin du feu, où il croyait sentir encore le parfum des cheveux de Jeanne, où il croyait voir encore cette vision qui s'était effacée sous ses mains et sous ses lèvres comme un pastel aux baisers du soleil. Ses amis, qui avaient sonné à sa porte, n'avaient pas été reçus. On l'avait vainement attendu à trois ou quatre fêtes nocturnes, où sa place était marquée entre les plus joyeuses.

XI

Le huitième jour, cependant, je parvins à arriver jusqu'à lui. Il me conta avec une douleur expressive ce premier battement de son cœur.

— Où vas-tu? me dit-il après un moment de silence.

— Je vais me coucher, après avoir traversé le bal de l'Opéra. Viens-y donc.

— Avec la figure que j'ai là!

— Eh! mon Dieu! c'est la figure de tous ceux qui sont au bal de l'Opéra; on y va chercher sa jeunesse, et on ne l'y trouve plus. Viens donc!

— Oui, dit tout à coup Rodolphe en s'animant, car, si je m'obstine à rester ici, je sens que j'y mourrai.

XII

Il était d'une singulière pâleur quand il monta l'escalier de l'Opéra. Je crus qu'il allait s'évanouir quand il entra dans le foyer.

— Je regrette bien, me dit-il, d'être venu ici; toute cette gaieté galante et bachique me déchire le cœur.

A cet instant, un domino rose glissa sa main au bras de Rodolphe.

— Voilà, dit-il, le plus beau des Rodolphes.

Le pauvre garçon le repoussa avec violence.

— Eh bien, dit en riant le domino rose, est-ce que César ne veut pas aujourd'hui passer le Rubicon?

— Laissez à César ce qui est à César, et donnez à d'autres ce qui est à tout le monde.

— C'est bien, dis-je, mon ami est sauvé; voilà l'esprit qui prend le dessus, tout à l'heure il est capable de danser.

XIII

En effet, le domino rose riposta vertement; Rodolphe, voyant sa vanité en jeu, devint éblouissant : il mit son cœur de côté et oublia Jeanne. O fragilité des sentiments humains ! on les boit dans un verre de Bohême qui casse au premier choc !

Peut-être sans savoir où il allait, Rodolphe se laissa conduire par le domino rose jusqu'au milieu des danses échevelées. La curiosité l'avait mordu au cœur. Quelle est donc cette femme qui a de si beaux yeux, de si belles dents, un si joli pied et une si somptueuse chevelure? On jouait alors la mazurka la plus entraînante qui ait jamais retenti sous ces voûtes sacrées du temple profane. Le domino rose avait tout doucement mis ses mains autour de son cou : c'en était fait ! il partit, tout enivré par la musique et par les vagues désirs.

XIV

Il avait fait déjà trois ou quatre tours avec une ardeur inouïe, lorsqu'une cohue se jeta à sa traverse comme une vague qui fait rebrousser le navire; le choc fut si violent, que le domino rose fut emporté à vingt pas de lui.

Mais ce fut à peine s'il s'en aperçut, car, au même instant, un domino noir se jeta dans ses bras et continua avec lui la mazurka.

Je l'avais perdu de vue; ce fut alors que je le retrouvai. J'avoue que je fus quelque peu surpris de voir Rodolphe dans cet oubli de lui-même, dans cet entrain pittoresque. Il y allait en tout abandon; sa figure était redevenue joyeuse, le dernier souvenir de Jeanne s'était envolé de son front.

XV

Cependant il me sembla peu à peu qu'il était entraîné par une puissance surhumaine; ce fut au point que j'eus le vertige en le suivant des yeux.

— C'est cela, me dis-je, il violente sa douleur, il dompte les souvenirs du passé; il s'est jeté dans le tourbillon, comme d'autres dans l'abîme.

Tout d'un coup il s'arrêta devant moi; je n'avais perdu des yeux ni lui ni sa danseuse; aussi fus-je bien étonné de le voir tout seul. Il était pâle comme la mort; il essaya de me parler, il était muet. Il me prit la main d'une main glacée et m'entraîna sans savoir où il allait.

— Il y a de quoi devenir fou! me dit-il.

— Je comprends, tu cherches ta danseuse, elle s'est évanouie comme une vision.

XVI

Rodolphe regardait autour de lui avec effroi. Nous montions l'escalier.

— Non, dit-il, retournons par là.

Nous rentrâmes dans le parterre.

— Voilà ce qui s'est passé, me dit-il d'une voix haletante. Je dansais une mazurka avec ce domino provocant que tu as vu tout à l'heure. Je ne savais pas bien ce que je faisais. Tout à coup il me semble que le domino rose se change en domino noir. En effet, je me réveille pour ainsi dire en m'apercevant que j'ai changé de danseuse, ou que ma danseuse s'est métamorphosée. « Voilà, me dit-elle, une musique qui ferait danser les morts. » Ce mot me frappa au cœur, parce qu'il me parla de Jeanne. « Est-ce que je te connais? dis-je au domino noir. — Si tu me connais! me dit-il en s'appuyant sur mon cœur; regarde mon cou. » Je regardai et je vis un petit signe de beauté que j'avais mille fois baisé sur le cou de Jeanne.

XVII

Rodolphe se tut.

— Tu me crois fou? me demanda-t-il.

— Continue, continue, lui dis-je.

— Eh bien, mon ami, Jeanne — c'était elle, je n'en doute pas — me dit de sa voix si douce : « Tu ne t'attendais pas à me retrouver ici cette nuit? Regarde cette petite médaille de la sainte Vierge qui veille toujours sur mon cœur. » Je regardai encore : « C'est un rêve horrible! » m'écriai-je tout éperdu. Je voulus m'arrêter, mais le domino m'entraîna malgré moi avec une force inconnue : j'étais dans un cercle fatal. « Jeanne! Jeanne! est-ce bien toi? parle-moi! — Je n'ai pas le temps, me répondit-elle en m'entraînant toujours. Tu te rappelles la ballade allemande, *Les morts vont vite.* » Nous allions comme les morts. J'étais dans l'épouvante, j'y suis encore. Et pourtant c'était bien Jeanne, ma chère Jeanne, qui s'appuyait sur mon cœur, comme aux meilleurs jours. Tiens, ne me quitte pas, car j'ai peur de devenir fou.

XVIII

Le domino rose vint à nous.

— Eh bien, mon cher danseur, vous avez planté là le domino rose pour un domino noir : qu'est-ce que vous en avez donc fait?

— Ce que j'en ai fait! s'écria Rodolphe tout égaré. Est-ce que vous l'avez vu, madame?

— *Madame!* Voilà qui est tragique. Oui, j'ai vu un domino noir qui m'a jetée hors de vos bras, *monsieur,* et qui vous a enlevé à quatre chevaux. Je me suis imaginée qu'on vous conduisait au sabbat. Où êtes-vous allé?

Rodolphe m'entraîna sans répondre.

XIX

Je l'ai revu le lendemain : il était maître de sa raison, mais il demeurait convaincu qu'il avait valsé avec Jeanne huit jours après la mort de Jeanne.

V

LA CHANSON DU VITRIER.

DÉDIÉ A HOFFMANN.

Oh! vitrier!

Je descendais la rue du Bac; j'écoutai, — moi seul au milieu de tous ces passants qui à pied ou en carrosse allaient au but, — à l'or, à l'amour, à la vanité, — j'écoutai cette chanson pleine de larmes.

Oh! vitrier!

C'était un homme de trente-cinq ans, grand, pâle, maigre, longs cheveux, barbe rousse : — Jésus-Christ et Paganini. Il allait d'une porte à une autre, levant ses yeux abattus vers les fenêtres.

Oh! vitrier!

Il était quatre heures. Le soleil couchant seul se montrait aux fenêtres. Pas une voix d'en haut ne descendait comme la manne sur celui qui était en bas. « Il faudra donc mourir de faim ! » murmura-t-il entre ses dents.

Oh ! vitrier !

« Quatre heures, poursuivit-il, et je n'ai pas encore déjeuné ! Quatre heures ! et pas un carreau de six sous depuis ce matin ! » En disant ces mots, il chancelait sur ses pauvres jambes de roseau. Son âme n'habitait plus qu'un spectre, qui, comme un dernier soupir, cria encore d'une voix éteinte :

Oh ! vitrier !

J'allai à lui. « Mon brave homme, il ne faut pas mourir de faim. » Il s'était appuyé sur le mur comme un homme ivre. « Allons ! allons ! » continuai-je en lui prenant le bras. Et je l'entraînai au cabaret, comme si j'en savais le chemin. Un petit enfant était au comptoir, qui cria de sa voix fraîche et gaie :

Oh ! vitrier !

Je trinquai avec lui. Mais ses dents claquèrent sur le verre, et il s'évanouit, — oui, madame, il s'évanouit ! — Ce qui lui causa un dégât de trois francs dix sous, la moitié de son capital ! car je ne pus empêcher ses carreaux de casser. Le pauvre homme revint à lui en disant encore :

Oh ! vitrier !

Il nous raconta comment il était parti le matin de la rue des Anglais, — une rue où ils sont quatre cents pauvres diables et où il n'y a pas quatre feux en hiver, — comment il avait laissé là-bas une femme et sept enfants qui avaient déjà donné une année de misère à la République, sans compter toutes celles données à la royauté. Depuis le matin, il avait crié plus de mille fois :

Oh! vitrier!

Quoi! pas un enfant tapageur n'avait brisé une vitre de trente-cinq sous! pas un amoureux, en s'envolant la nuit par les toits, n'avait cassé un carreau! Pas une servante, pas une bourgeoise, pas une fillette, n'avaient répondu, comme un écho plaintif :

Oh! vitrier!

Je lui rendis son verre. « Ce n'est pas cela, dit-il, je ne meurs pas de faim à moi tout seul : je meurs de faim, parce que la femme et toute la nichée sont sans pain, — des pauvres galopins qui ne m'en veulent pas, parce qu'ils savent bien que je ferais le tour du monde pour un carreau de trois francs. »

Oh! vitrier!

« Et la femme! poursuivit-il en vidant son verre, un marmot sur les genoux et une marmaille au sein! Pauvre chère gamelle où tout le régiment a passé! Et, avec cela, coudre des jaquettes aux uns, laver le cul aux autres; heureusement que la cuisine ne lui prend pas de temps. »

Oh! vitrier!

J'étais silencieux devant cette suprême misère : je n'osais plus rien offrir à ce pauvre homme, quand le cabaretier lui dit : « Pourquoi donc ne vous recommandez-vous pas à quelque bureau de charité? — Allons donc! s'écria brusquement le vitrier, est-ce que je suis plus pauvre que les autres?

Toute la vermine de la place Maubert est logée à la même enseigne. Si nous voulions vivre à pleine gueule, comme on dit, nous mangerions le reste de Paris en quatre repas. »

Oh! vitrier!

Il retourna à sa femme et à ses enfants, un peu moins triste que le matin, non point parce qu'il avait rencontré la Charité, mais parce que la Fraternité avait trinqué avec lui.

Et moi, je m'en revins avec cette musique douloureuse qui me déchire le cœur :

Oh! vitrier!

VI

LA SOURCE.

I

Elle se nommait Mœra, la blonde et blanche fille d'Halirrhoé, reine des Nymphes de la mer. Son berceau, c'était la vague amoureuse, qui la portait sans secousse jusqu'au rivage.

Quand le quinzième printemps vint saluer son front sur la mer Ionienne, Jupiter descendit de l'Olympe pour soulever sa tunique flottante.

Elle vint sur le rivage secouer sur le sable les perles de ses pieds d'argent. Jupiter, sous la figure d'un jeune mortel, s'agenouilla pour baiser le sable frémissant tout baigné de rosée.

II

Mais Mœra, indignée d'être surprise, s'enveloppa dans sa virginité et se précipita dans la mer. Jupiter la suivit comme un nuage sur l'eau : « Je suis le roi des dieux. L'Olympe est mon trône, le monde est mon royaume. Je vis d'ambroisie et d'amour. Hébé me verse l'ambroisie dans une coupe d'or ; Mœra me versera l'amour par une bouche de rose. »

Mais Mœra fuyait toujours. Quand Jupiter la voulait saisir, elle lui versait d'une main outragée l'onde amère sur les lèvres.

III.

En vain le roi des dieux lui parle avec passion du bois sacré de l'Ida, où les Nymphes chantent les joies amoureuses, au battement d'ailes des blanches colombes de Vénus.

Quand Jupiter au front majestueux n'aime pas, il se venge. Il saisit avec violence Mœra aux pieds d'argent, et l'emporte dans le vol d'un aigle au sommet du mont Ida, que couronne la neige aimée de Diane.

« Puisque ce beau sein couvre un cœur de marbre, lui dit Jupiter en courroux, je te condamne à vivre éternellement dans cette neige, moins glaciale que toi. »

IV.

Il dit et retourne dans l'Olympe, tout radieux de vengeance. Mœra pleura sa mère et ses compagnes de la mer Ionienne. Peu à peu elle s'enfonça dans la neige, comme dans une robe immaculée, avec un frémissement de joie et de pudeur.

Mais peu à peu la neige fondit et coula de ses cheveux épars, de son sein arrondi, de ses hanches savoureuses.

Zéphyre vint à elle, et sema sur la route la rose aux vertes épines, la violette au doux parfum, l'hyacinthe aux fraîches couleurs, le narcisse qui se regarde dans la rosée.

V

Comme dans le bois sacré où Diane se baigne avec mystère sous les sombres arcades, des branches ténébreuses s'élevèrent au-dessus d'elle. Jamais retraite aimée des Nymphes bocagères ne fut plus fraîche et plus odorante.

Diane et le chœur des chasseresses s'y vinrent rafraîchir après la course matinale. Diane baisa d'un chaste baiser le front rêveur de la Source.

VI

Tous les bergers qui conduisent leurs génisses enjouées au pied du mont vinrent pieusement à la Source avec leurs cruches de grès. Mœra leur versait l'eau la plus pure qui ait coulé sur la terre.

Et, tout en emplissant leurs cruches, elle leur chantait son hymne par la voix poétique des flots et des vents :

VII

CHANSON DE LA SOURCE.

N'aimez pas, bergers du mont Ida. L'amour est une folie furieuse qui nous égare jusqu'aux ténèbres des bêtes féroces.

N'aimez pas, si vous voulez préserver vos yeux des larmes qui brûlent comme la forge de Vulcain. Diane à l'arc d'argent me l'a dit en buvant les perles de mon sein glacial.

N'aimez pas, si vous voulez reposer en paix dans la prairie ombragée en défiant toutes les vipères de la jalousie.

N'aimez pas; Diane aux flèches d'or, souveraine des forêts profondes, est plus belle que Vénus, fille de Jupiter et mère de Cupidon.

VIII

Et quand la source avait ainsi chanté, les bergers du mont Ida se dispersaient, tout en plaignant Mœra de n'avoir pas aimé; car elle était si belle, les pieds dans la neige et la gorge ruisselante!

VII

JEANNE ET MADELEINE.

I

Voyez-vous là-bas, rue de l'Odéon, cette jolie fille, si parée avec sa méchante robe, comme elle allume de ses yeux le regard des passants.

C'est Madeleine.

Voyez-vous, plus loin, cette franche et naïve beauté, haute en couleur comme les roses! Elle réjouit mes yeux, et je l'ai surnommée la *Folle du logis*. Camille Roqueplan a peint avec amour, j'ai failli dire *a cueilli*, sa charmante figure tout épanouie.

C'est Jeanne.

II

Où vont-elles, les deux sœurs? Elles vont où les entraîne leur poésie; car la poésie, c'est comme l'air : tout le monde en vit.

III

Jeanne va gaiement à la barrière retrouver son amoureux, un beau de la barrière, qui l'épousera bravement par-devant l'écharpe tricolore.

Elle sera battue et contente, la pauvre Jeanne! elle souffrira toutes les douleurs de la maternité et de la misère; mais elle aimera son nid. — Elle aimera tous ceux qui auront déchiré son sein, elle aimera celui qui, deux fois par semaine, rentrera ivre, — ivre de vin violet! — et la battra si elle n'est pas en gaieté.

Elle aimera son homme et ses enfants, parce que Dieu sera avec elle.

IV

Et Madeleine, où va-t-elle?

Elle va trouver un étudiant qui fume un cigare en retroussant sa moustache. Il lui achètera une robe à queue qui fera ses poussières sur toutes les bourgeoises. Il la coiffera d'un panier qui sera le dessus du panier. Après quoi, ils iront danser ensemble à la Closerie des lilas; — après quoi, ils iront souper ensemble; — après quoi, — ils n'iront pas voir lever l'aurore...

Après quoi, elle ira partout, excepté chez elle; car ce premier lit que protégeait le rameau de buis, sa sœur seule y reviendra.

V

Madeleine, comme l'enfant prodigue, dépensera tous les trésors de son cœur et de sa jeunesse, sans jamais trouver un homme qui l'aimera bravement — aujourd'hui et demain!

Elle courra toujours pour se fuir elle-même, parce que Dieu ne sera pas avec elle.

VI

Et un jour elles se rencontreront, les deux sœurs. Et, en se voyant demi-nues, la mère féconde dira à la femme stérile, comme la voix de l'Écriture :

« Tu n'as embrassé que le vent et tu n'as écrit ton nom que sur les flots. Cache, cache tes seins flétris; moi, je les montre avec fierté, car j'y vois encore les lèvres de mes onze enfants. »

VIII

LES DEUX FILLES DE DIEU.

I

Dieu, s'appuyant sur le nuage, dit au vent qui passait :
J'avais deux filles belles comme les roses, blanches comme la neige ; elles me suivaient jour et nuit dans le royaume du ciel, le royaume d'or, de pourpre et d'azur ;
Elles savaient ma science et vivaient de ma vie ;
Un soir que nous regardions la terre en respirant l'arome des forêts et la fière saveur des montagnes sauvages,
L'une d'elles me dit, voyant une mariée essayant ses bracelets d'or fin la veille de ses noces :
— Mon père, je m'ennuie au ciel ; je veux descendre sur la terre ; je veux me marier comme toutes ces belles filles qui ont le sourire du soleil.
— Allez, ma fille, vous voulez lire un mauvais livre ; quand vous l'aurez lu, revenez à moi.
Elle partit. Elle ouvrit ses ailes de lys et vola sur la terre en chantant la chanson couleur du temps.

A peine seule, sa sœur voulut partir aussi. Elle avait vu là-bas, dans un parc tout épanoui de la gaieté des roses, une jeune mère qui jouait avec ses enfants.

Je ne lui dis qu'un seul mot : « ADIEU ! »

II

Où sont-elles allées, mes deux filles bien-aimées ?

Elles sont allées sur la terre, où j'ai semé l'amour et où fleurit la haine dans l'amour comme l'ivraie dans le froment.

La première s'est mariée à un maître brutal qui la flagelle à toute heure. C'est un des riches de la terre ; il la condamne à compter son or, sans lui laisser le temps de penser à moi.

Elle a des enfants, mais elle ne les nourrit pas de son lait.

Elle passe ses jours sans voir le ciel et les nuits à pleurer.

Son maître la tourmente de son ennui et de sa passion ; il ne l'aime qu'à ses heures.

Il la conduit chez le roi ; mais là, pas une fenêtre qui s'ouvre sur le ciel.

La pauvre fille ! qu'a-t-elle fait de ses ailes de neige ?

Tous les jours, elle laisse tomber une plume aux pieds de son maître. Peu à peu elle oubliera son origine, et ne montera plus au ciel dans ses rêves.

Elle s'oublie dans les larmes et dans l'esclavage. Elle suit son maître partout où il veut aller, même au banquet des enfants prodigues.

L'horizon pour elle se restreint de jour en jour ; la nuit se fait autour d'elle. Au lieu d'un rayon de soleil, ce n'est plus qu'une lueur de ver luisant.

O ma fille ! où es-tu ?

III

L'autre s'est mariée à un pauvre forgeron; un beau forgeron qui aiguise la charrue du laboureur et courbe la faucille de la moissonneuse;

Un beau forgeron aux bras de fer, qui aime l'odeur de la forge et chante au point du jour la chanson du travail;

Un beau forgeron aux cheveux hérissés, qui ferre le cheval de la meunière et celui de la marquise, le cheval paresseux qui va de porte en porte, et le cheval impatient qui piaffe et qui hennit;

Un beau forgeron, qui trempe de fin acier la serpette de la vendangeuse, la blonde vendangeuse qui égrène la grappe d'or sur ses lèvres de pourpre.

Dès que ma seconde fille a été l'âme de la maison, elle a appris au forgeron les joies sacrées de la nature;

Elle lui dit la chanson des fleurs, la chanson de la moisson, la chanson de la vendange;

La symphonie de la neige et du givre quand le bûcheron, avec sa hache forgée à la forge, va frapper les vieux arbres de la forêt;

Le chant du grillon dans la haute cheminée rustique, quand la ménagère jette sa quenouille sur le lit pour donner son sein au nouveau-né.

Avant qu'elle vînt à lui, le forgeron allait au cabaret le dimanche et le lundi, croyant que sa vraie richesse, c'était la folie du vin.

Il va encore au cabaret le dimanche pour avoir des amis; mais il a reconnu qu'après la sainte folie de l'amour, la vraie richesse, c'est la conquête de la pensée.

Avec la pensée, le monde est ouvert, le siècle qui passe

comme les siècles qui ont été, l'horizon de la terre comme les espaces du ciel.

Il bénit sa femme et la traite en princesse.

Dans sa reconnaissance, il me remercie moi-même, quand il va à la messe et chante le plain-chant.

Il me remercie à sa forge, quand il chante la chanson du forgeron, tout en regardant par la fenêtre sa femme qui joue sur l'herbe avec ses enfants.

IV

Ainsi dit Dieu au vent qui passait. Et le vent, quand il vint vers moi, me redit cette histoire des deux filles de Dieu.

Ces deux filles de Dieu, c'étaient deux âmes.

Celle qui était descendue dans le corps du banquier avait perdu le ciel et s'était perdue elle-même en s'enfonçant dans le bourbier des joies humaines.

Celle qui s'était prise au forgeron n'avait pas quitté le ciel de vue ; elle avait été la poésie vivante de ce corps robuste.

La première s'était ensevelie dans un tombeau dont elle n'était que la lampe sépulcrale.

La seconde, comme une flamme céleste, avait envahi trépied d'argile pour l'inonder de lumière.

IX

VIOLANTE.

I

Elle était fille de Palma, la belle Violante.

Quand le quinzième printemps eut fleuri sur ses joues, le peintre s'agenouilla devant sa fille, comme devant une image de la sainte Vierge Marie, reine des Anges.

« Violante, Violante, — lys épanoui dans mon amour sur les flots bleus de ma belle Venise, — ta gloire en ce monde sera incomparable : la Vierge que je vais peindre pour l'église de la Rédemption sera ton image fidèle, ô Violante !

» Car tu es l'image des saintes filles qui sont là-haut dans le ciel où est Dieu.

» Car l'or de tes cheveux est tombé du ciel comme un rayon d'amour; car la flamme qui luit dans tes yeux, c'est la flamme divine que les Anges allument sur leurs trépieds d'argent. »

II

Et, disant ces mots, le peintre prit sa palette, et peignit pour la gloire de l'art et pour la gloire de Dieu.

La Vierge qui s'anima sur le panneau de bois de cèdre fut un chef-d'œuvre tout rayonnant d'amour et de vérité.

Quand le tableau fut achevé, Violante s'envola comme un oiseau pour aller chanter sa chanson. Elle était née pour aimer, comme toutes les filles de la terre. Dieu lui-même, qui aime la jeunesse en ses égarements, jette des roses odorantes sur le chemin de Madeleine pécheresse.

III

Comme elle allait chantant sa chanson, elle rencontra Titien et son ami Giorgione.

— Mon ami Titien, quel chef-d'œuvre tomberait de nos palettes si une pareille fille daignait monter à notre atelier! Quelle Diane chasseresse fière et élégante! Quelle Vénus tout éblouissante de vie et de lumière!

— Si elle venait dans mon atelier, dit Titien tout ému, je tomberais agenouillé devant elle, et je briserais mon pinceau.

Violante alla dans l'atelier de Titien : il ne brisa point son pinceau. Après avoir respiré avec elle tous les parfums enivrants d'une aube amoureuse, il la peignit des fleurs à la main, plus belle que la plus belle.

IV

Giorgione vint pour voir ce portrait; mais Titien cacha la femme et le portrait.

Longtemps il vécut dans le mystère savoureux de cette passion si éblouissante et si fraîche : c'était le rayon dans la rosée.

Un jour, plaignez la fille de Palma le Vieux ! Titien exposa le portrait de sa maîtresse. Tout le monde allait l'aimer ; mais l'aimait-il encore ?

Après avoir souri aux Vénitiens par les yeux et les lèvres de sa maîtresse, Titien, enivré par le bruit, métamorphosa Violante en Vénus sortant de la mer, vêtue de vagues transparentes.

Plaignez Palma le Vieux, qui ne voyait plus sa fille que dans les Vierges de la Rédemption !

V

L'Art avait étouffé l'Amour : Violante était si belle, qu'elle se consola dans sa beauté ; son règne était de ce monde, elle régna.

Un soir, à l'heure du salut, elle entra à l'église de la Rédemption. La voyant entrer, on disait autour d'elle : « Voilà Violante qui se trompe de porte. »

VI

En respirant les fumées de l'encensoir, elle tomba agenouillée devant un autel où son père venait prier souvent. L'orgue éclatait dans ses louanges à Dieu ; les jeunes Vénitiennes chantaient avec leurs voix d'argent l'hymne à la Reine des Anges.

Violante leva les yeux, ces beaux yeux qu'avaient allumés toutes les passions profanes.

VII

Son regard tomba sur une figure de Vierge, la plus pure, la plus noble, la plus adorable qui fût dans l'église de la Rédemption.

« Sainte Marie, Mère de Dieu, murmura-t-elle doucement, priez pour moi. »

Elle était frappée de la beauté toute divine de cette Vierge, qui semblait créée d'un sourire de Dieu.

« Hélas! on me dit que je suis belle, c'est encore un mensonge de l'amour; la beauté, la voilà dans tout son éclat avec une pensée du ciel. »

Un souvenir était venu agiter son cœur, un vague souvenir, un éclair dans la nue.

VIII

« Quand j'étais jeune, dit-elle en contemplant la Vierge, quand j'avais seize ans... »

Elle tomba évanouie sur le marbre. Cette Vierge si belle, qui se détachait sur un ciel d'or et d'azur, c'était la Vierge de Palma le Vieux.

Violante s'était reconnue.

« O mon Dieu! s'écria-t-elle en dévorant ses larmes, pourquoi avez-vous permis cette métamorphose? »

Elle qui la veille encore se trouvait si belle dans son miroir de Murano, elle cacha sa figure, comme si elle se voyait dans toute l'horreur de ses égarements.

IX

Elle se leva et sortit de l'église, respirant avec une sombre volupté l'amère odeur de la tombe.

Où allait-elle? Le soleil, l'amoureux soleil de Venise, vint sécher la dernière perle tombée de ses yeux.

Où alla-t-elle? On était dans la saison où le pampre commence à dévoiler ses altières richesses.

Elle rencontra Paul Véronèse, qui la couronna des premières grappes dorées de la Brenta.

X

— O ma Vierge! disait Palma le Vieux; — ô mon Idéal! disait Giorgione; — ô ma maîtresse! disait Titien; — ô ma Bacchante! dit Paul Véronèse.

X

LES LARMES DE JACQUELINE

AUX CHEVEUX D'OR.

I

En ce temps-là, près de l'abbaye était une fontaine ;
Une petite fontaine qui coulait, coulait dans l'oseraie, l'ajonc et les nénufars.
Dans la fontaine, un grand saule baignait ses cheveux verts ; sous le grand saule, Jacqueline venait tous les soirs à l'heure où les fleurs de nuit ouvrent leur calice.

II

Jacqueline ne venait pas sous le grand saule pour boire à la fontaine ;
Car, à l'heure où les fleurs de nuit ouvrent leur calice, son ami Pierre, le forgeron, était sous le grand saule. Le beau forgeron au regard fier et doux.

Tous les soirs, selon la saison, ils cueillaient de la même main des violettes, des myosotis et des pervenches.

Et, quand les fleurs étaient cueillies, Pierre les baisait et les cachait dans le sein de la belle Jacqueline.

Ah! jamais sous le ciel où est Dieu, jamais on ne s'était aimé avec une pareille joie.

III

Quand Jacqueline arrivait sous le grand saule, il devenait pâle comme la mort. « Ami, disait-elle, jure-moi d'aimer ta Jacqueline aussi longtemps que coulera la fontaine. »

A quoi l'ami Pierre répondait : « Aussi longtemps que coulera la fontaine, aussi longtemps j'aimerai la belle Jacqueline aux cheveux d'or. »

Il jura, mais un jour elle se trouva seule sous le grand saule.

IV

Elle cueillit les fleurs bleues en l'attendant; mais il ne vint pas cacher le bouquet dans la brassière rouge.

Elle jeta les fleurs dans la fontaine, et elle s'imagina que la fontaine pleurait avec elle.

Le lendemain, elle vint un peu plus tôt et s'en alla un peu plus tard.

Elle attendit; les rossignols chantaient dans les bois, les bœufs mugissaient dans la vallée.

Elle attendit; la cloche de l'abbaye sonnait l'Angélus, la meunière du moulin à eau chantait sa joyeuse chanson.

Huit jours encore Jacqueline vint. « C'est fini! dit-elle, c'est fini! »

Les soldats du roi passaient par la rivière. « Ah! oui, dit-elle, il est parti pour aller à la guerre. »

Elle alla frapper à la porte de l'abbaye. « C'est une pauvre fille qui veut n'aimer que Dieu, » dit-elle en se jetant au pied de la croix.

V

On coupa ses beaux cheveux d'or, on renvoya à sa mère sa brassière rouge et son anneau d'argent.

Cependant il revint, lui, le forgeron. « Où es-tu, Jacqueline? Jacqueline, où es-tu? La fontaine coule toujours, voilà l'heure où les pigeons blancs s'en vont au colombier, l'heure où les fleurs de nuit ouvrent leur calice. Où es-tu, Jacqueline? où es-tu? »

L'ami Pierre vit passer Jacqueline sous la robe noire des religieuses.

VI

« Pauvre Jacqueline! qu'a-t-elle fait de ses cheveux d'or! »

Il s'approcha d'elle. « Jacqueline, Jacqueline, qu'as-tu fait de notre bonheur? Pendant que j'étais prisonnier de guerre, te voilà descendue au tombeau. Jacqueline, Jacqueline, que ferai-je à ma forge sans toi?

» Toi qui m'aurais donné ton cou pour reposer mes bras, ta bouche pour embaumer mes lèvres;

» Toi qui m'aurais donné des enfants pour égayer le coin de mon feu.

» Je les voyais déjà en songe nichant dans tes mains leurs petits pieds roses et secouant d'une lèvre distraite la dernière goutte de lait puisée à ton sein.

» Adieu, Jacqueline; j'irai ce soir dire adieu à la fontaine, au grand saule, aux fleurs bleues.

» Et quand j'aurai dit adieu à tout ce que j'ai aimé, je couperai un bâton dans la forêt pour m'en aller en d'autres pays. »

VII

Le soir, quand l'ami Pierre vint à la fontaine, le soleil argentait d'un pâle rayon les branches agitées du saule.

C'était un jour de chasse; l'aboiement des chiens et le hallali des chasseurs retentissaient gaiement sur la Marne.

Quand Pierre arriva sous le grand saule, il tressaillit et porta la main à son cœur.

Il avait vu une religieuse couchée dans l'herbe, la tête appuyée sur la pierre de la fontaine.

« Jacqueline! Jacqueline! » dit-il en tombant agenouillé.

L'écho des bois répondit tristement : Jacqueline, Jacqueline!

Il la souleva dans ses bras avec effroi et avec amour.

VIII

« Adieu, mon ami Pierre, lui dit-elle doucement; depuis que je suis à prier Dieu dans le couvent, je me sens mourir d'heure en heure.

» Je suis morte, ami; si mon cœur bat encore, c'est qu'il est près du tien.

» J'ai une grâce à te demander : tout à l'heure, enterre-moi ici; je ne veux pas retourner au couvent, où j'avais le cœur glacé.

» Enterre-moi ici, mon ami Pierre; j'entendrai encore couler la fontaine et gémir les branches du saule.

» Dans les beaux soirs du mois de mai, quand le rossignol chantera ses sérénades sous les ramées, je me souviendrai que tu m'as bien aimée. »

IX

Quand Jacqueline eut dit ces paroles, Pierre s'écria : « Ma belle Jacqueline est morte ! »

La lune, qui s'était levée au-dessus de la montagne, vint éclairer la fontaine d'une blanche et funèbre clarté.

Pierre reprit son amie dans ses bras, lui disant mille paroles douces, croyant toujours qu'elle allait lui répondre.

Elle ne l'écoutait plus. Qu'elle était belle encore en penchant sa pâle figure sur l'épaule de son ami Pierre !

X

Durant toute la nuit, Pierre pria Dieu pour l'âme de sa chère Jacqueline, tantôt à genoux devant la trépassée, tantôt la pressant sur son cœur.

Au point du jour, il creusa une fosse tout en sanglotant. Quand la fosse fut profonde, il y sema de l'herbe tout étoilée de violettes.

Sur le lit funèbre, il coucha Jacqueline pour l'éternité ; une dernière fois il lui prit la main et la baisa.

Sur Jacqueline, il jeta toutes les fleurs sauvages qu'il put cueillir au bois et dans la prairie.

Sur les fleurs sauvages, il jeta de la terre, terre bénite par ses larmes.

Il s'éloigna lentement. Les religieuses, à leur réveil, entendirent ses sanglots.

XI

Depuis ce triste jour, jamais le forgeron n'a battu le fer à la forge.

Depuis ce triste jour, Jacqueline a dormi au bruit de la fontaine, bruit doux à son cœur.

XII

Dans les soirs du mois de mai, quand le rossignol chante dans les bois, elle se souvient que son ami Pierre l'a bien aimée.

Et l'on voit tressaillir les fleurs bleues qui parsèment sa tombe toujours verte.

Ici finit l'histoire du forgeron et de sa belle Jacqueline. Un sculpteur, poëte de son temps, l'a écrite mot à mot dans les bas-reliefs de l'abbaye.

XI

LE ROSIER DE LA MORTE.

I

Les merles sifflaient dans les sycomores; Franz passa sous le rosier de la morte et murmura tristement :

« Si j'ai dit le roman de mon cœur, je n'en ai pas écrit l'histoire.

II

» Que me chantent aujourd'hui ces chansons amoureuses où il n'y a plus d'amour, ces strophes à rimes sonores où il n'y a plus de poésie? Tout cela ne devait chanter que l'espace d'un matin.

» Petites étoiles perdues dans mon ciel nocturne, le soleil s'est levé et vous a éteintes dans sa lumière.

» Cécile, Arabelle, Ninon, Léa, — pervenche, aubépine, camellia, — fleurs cueillies et fanées, — et vous, dont je ne sais plus les noms, — et vous, dont je ne vois plus les masques, — vos ombres, mélancoliques et rieuses, peuplent le péristyle de mon monument tout bâti de roseaux, que soutiennent en vain deux cariatides : — l'Art et la Poésie.

III

» Dans ce monument, comme dans mon cœur, il y a un sanctuaire où vous n'avez pas pénétré, belles pécheresses impénitentes.

» Dans ce sanctuaire, il y a un tombeau. Dans ce tombeau, il y a une femme, une femme qui est morte, mais dont l'âme immortelle est toute ma vie.

» Dieu lui avait donné la beauté et l'amour; Dieu l'a prise pour le ciel, dans sa beauté et dans son amour, au matin de sa vie, sur le lit de violettes de sa jeunesse.

IV

» O mon Dieu, qui m'avez frappé mortellement dans sa mort, quoi qu'il m'advienne de vos colères, je vous bénirai dans votre sagesse.

» En me donnant cette femme, vous m'aviez donné votre grâce. Elle a été la beauté pour mes yeux, la lumière pour mon âme, la poésie pour mon cœur.

V

» Avec elle, j'ai bâti mon château en Espagne, — là-bas, à l'ombre des grands sycomores revêtus de lierre, — ce petit donjon persan, d'une architecture impossible, où le bonheur humain n'oserait poser son pied.

» Solitude amoureuse, perdue dans Paris, — où le merle aux pattes d'or venait, en sifflant son cri de réveille-printemps, becqueter à nos pieds; — où le rossignol chantait à nos fenêtres, dans les branches touffues, sa chanson nocturne et lumineuse.

VI

» Dans cette fraîche oasis du désert parisien, il y a un rosier gigantesque qui s'enroule à un arbre de Judée, à un kiosque et à un cerisier sauvage; un rosier tout épanoui de roses-thé, qui rit aux giboulées d'avril, et qui garde encore des fleurs pour les mains glaciales de décembre.

» C'était là que nous vivions nos heures couronnées de roses.

VII

» Son amour m'avait emparadisé : j'ai été chassé du paradis comme tous les fils d'Adam. Quand je me suis réveillé de ce rêve adoré, on frappait à la porte. — Qui vient si matin? — C'est la Mort. — Ne prends ni l'enfant ni la femme, prends-moi. — Non, tu vas payer ton bonheur.

» Et la Mort a pris la femme.

» Avant de partir, la morte me parla ainsi :

VIII

» — Prends garde, si tu ne m'as pas aimée comme je t'ai
» aimé moi-même; car, à l'heure de la résurrection, tu auras
» soif, et je ne te verserai pas l'eau vive du divin amour. »

» Et elle tendit les bras — comme une âme qui prend sa volée. — Je tombai éperdu sur son cœur, elle soupira trois fois, — et ce fut fini.

» Oh! le silence de la mort, quand c'est l'amour qui vient de mourir!

IX

» La mort l'avait frappée sans la toucher, — tant c'était une beauté divine et inaltérable. — Vous l'avez vue, ô mes amis, peintres et sculpteurs qui lui avez donné la vie de la palette et du marbre.

» Deux jours et deux nuits, elle garda sa figure de vingt ans, sereine et souriante : elle n'était pas morte, elle dormait.

X

» Je la couchai dans le cercueil, toute parée comme en un jour de fête; je lui cueillis toutes les roses de son rosier et je lui dis adieu par ces trois mots du poëte allemand : « *Je t'ai aimée, je t'aime et je t'aimerai.* »

» L'église attendait.

» On couvrit le cercueil, on fit la nuit éternelle sur cette figure chastement radieuse qui était l'orgueil de la lumière.

XI

» Je suis allé sous le rosier, là où elle rêvait aux joies de la vie, celle qui fut toute beauté, tout amour et toute vertu.

» Celle qui fut l'âme de la maison, celle qui fut mon cœur, celle qui fut ma conscience, celle qui fut ma poésie.

» O marâtre nature! toi qui as enfanté la mort, pourquoi laisses-tu fleurir le rosier, quand tu as fermé les yeux de celle qui cueillait les roses?

» Ces beaux yeux couleur du temps quand le ciel sourit à la terre.

» Pourquoi ne me fermes-tu pas les yeux, à moi, qui ai pleuré toutes mes larmes?

XII

» Je suis allé sous le rosier où elle a voulu venir à ses derniers jours, comme si le parfum des roses dût raviver son âme.

» Sous le rosier où elle berçait son enfant par les vieilles chansons et par les contes de fées.

» Sous le rosier où je lui parlais toujours du lendemain, sans pressentir que le lendemain, c'était le jour sans soleil.

» Et je me suis souvenu que, le jour de sa mort, elle m'a regardé de son divin regard, en murmurant ces mots d'une voix déjà voilée : « *Ami, tu me disais si souvent :* » DEMAIN ! »

XIII

» Demain, n'est-ce pas le jour des éternelles hyménées ? Quand je tombe à genoux devant ton cercueil, je ne trouve qu'un mot : DEMAIN !

» Chère âme perdue ! mon âme te cherche partout — au delà des nues, au delà de l'espace, au delà du temps !

» Je cherche mon chemin dans la vie. C'est le sombre chemin des funérailles ; mais, pour tous ceux qui ont aimé, le soleil se lèvera après la nuit sans étoiles.

XIV

» Quand je suis allé sous le rosier, le soleil versait ses rayons d'or sur les branches étoilées ; le rosier qu'elle aimait tant était couvert de roses et ne la pleurait pas.

» Le petit oiseau familier égrenait sa gamme ; le merle sifflait sa chanson joyeuse.

» A l'ombre du rosier, dans l'herbe haute qui n'avait pas été fauchée depuis le jour funèbre, les cigales dansaient sans peur, comme dans un pré solitaire.

XV

» J'ai cueilli un bouquet de roses, et je m'en suis allé, cachant mes larmes.

» Et on se disait en me voyant passer : « Où va-t-il, » son bouquet de roses à la main ? c'est un amoureux qui est » attendu. »

» Où j'allais ! J'allais à la Madeleine. Sous la chapelle de Saint-Vincent de Paul, il y a un cercueil de velours noir, — sa dernière robe !

» Dans ce cercueil, il y a une jeune femme couchée, qui m'attend avec sa robe de mariée et son anneau nuptial. »

XVI

Ainsi parla Franz.

Hier il retourna sous le rosier et s'écria tout en respirant des roses :

« Cher rosier ! je veux que tu ne fleurisses que pour elle. N'est-ce pas son âme qui parfume tes roses ? »

Comme il parlait ainsi, une jeune fille, tout enivrée de ses vingt ans, passa gaiement sous le rosier et voulut casser une branche courbée sous les roses.

Mais Franz lui saisit la main, mais Franz la rejeta loin de là en lui disant :

— Chut ! mademoiselle Vingt ans : ce rosier, c'est un cyprès !

XII

SOUVENEZ-VOUS DE MOI.

I

Un bouquet de myosotis tomba à mes pieds.

Le myosotis, c'est le premier mot, c'est le dernier mot de l'amour.

C'est l'espérance, c'est le souvenir.

Je levai la tête.

Une jeune fille regardait son bouquet, toute surprise encore qu'il fût tombé de ses mains — dans les miennes.

II

Je vis passer un mot sur ses lèvres. Je baisai le bouquet tout en la regardant.

Elle rougit et disparut.

Je continuai mon chemin, mais je retournai la tête. Elle était revenue s'appuyer toute souriante et toute rêveuse sur la balustrade.

Je baisai une seconde fois le bouquet, et je voulus revenir vers la fenêtre.

III

Elle était belle de toutes les beautés, belle de ses vingt ans, belle de sa grâce indécise, belle des pressentiments de l'amour.

Vision du monde où l'on a vécu avant de vivre sur la terre, vision du monde où l'on entre par la porte d'or des songes!

IV

Et mon âme disait à mon cœur :

« C'est là que ton bonheur est enfermé! »

Mais le sourire de cette belle fille était si virginal, que mon cœur dit à mon âme :

« Pourquoi jeter des pommes dans ce paradis? »

V

Mes pieds ne touchèrent même pas le seuil de cette maison qui souriait par la fenêtre. Poétique fenêtre! charmant cadre à ce portrait du bonheur espéré, du bonheur perdu!

Rêve commencé sur la terre pour être continué au ciel.

L'HEURE A SONNÉ!

L'heure a sonné! J'ai vu s'enfuir la Charmeresse
Qui couronne l'Amour et chante les Vingt ans;
Les rayons sont éteints à ses cheveux flottants :
Elle m'a dit adieu pour dernière caresse.

J'ai suivi trop souvent la pâle Chasseresse
Sous les pampres brûlés, dans les bois irritants.
Les folles passions ont dévoré mon temps,
Cher temps perdu! Regrets d'une âme pécheresse!

J'ai rejeté ma coupe à l'Océan sans fond :
Passions, passions, vos vendanges sont faites!
J'ai répandu mon cœur en larmes comme en fêtes.

Voici la Mort qui vient. Dans l'abîme profond
Je descends; mais je crois à nos métamorphoses.
Tu me réveilleras, Aurore aux doigts de roses!

TABLE.

La Critique 3
Préface 21

LIVRE I.
LES PARADIS PERDUS.

Pourquoi j'ai brisé mon violon. 27

LIVRE II.
VISIONS ANTIQUES ET VISIONS MYSTIQUES.

Invocation a Diane chasseresse. 45
L'Idéal. 47
Euterpe 49
La Chanson du faune. 54
Sapho. 57
Le Sang de Vénus. 64
Chanson antique. 65
Visions dans la forêt. 67
Jésus mendiant. 69

LIVRE III.
LE ROMAN COMIQUE.

LIVRE IV.
QUAND J'AVAIS VINGT ANS.

La Bohème du doyenné. 85
Le Pays du poete 90
La Fenêtre. 92
Celui qui revient. 94

LIVRE V.
LES VERTUS DE NINON

LIVRE VI.
LA POÉSIE DANS LES BOIS.

Aux Poètes.	113
La Muse rustique	117
Page de la Bible	120
Le Chemin de la vie	123
La Symphonie du printemps	126
Dieu	131
Le Premier givre	137
Adieu aux bois	139

LIVRE VII.
L'AME DE LA MAISON.

Le Rivage	145
La Femme	146
La Mère	148
L'Heure cueillie	149

LIVRE VIII.
LE FOIN ET LE BLÉ.

Les Faneurs de foin	153
Les Moissonneurs	158

LIVRE IX.
LA MUSE VOYAGEUSE.

Le Voile sacré	167
Fresque de Pompeia	169
La Maîtresse du Titien	171

L'Herbe qui guérit tout.	173
Martia et Marguerite.	174
Le Sceptre du monde.	177
La Mort.	178
Le Poeme de la Rose blanche.	180
Souvenir.	189
Tableaux hollandais.	190
Épitaphe de Paris.	193
Le Myosotis.	195
L'Immortalité de l'ame.	197

LIVRE X.
LES COMÉDIENNES.

Exorde.	203
Amours de théatre.	205
Le Tombeau de l'Amour.	208
Léa.	210
Sentiers perdus.	211
Le Bal de l'Opéra.	213
Vers écrits sur le sable.	215
Le Tonneau des Danaïdes.	217
Camées.	218
La Rime et la Raison.	219

LIVRE XI.
SONNETS.

Portraits et Tableaux.	223

LIVRE XII.
LA MUSE DE L'HISTOIRE.

LIVRE XIII.
CHANSONS.

Joies et Peines de cœur.	261

LIVRE XIV.
LES CENT VERS DORÉS.

LIVRE XV.
LA POÉSIE PRIMITIVE.

L'Amoureuse qui se nourrit de roses	325
Les Sirènes	329
L'Hélène de Zeuxis	332
Le Domino rose et le Domino noir	335
La Chanson du Vitrier	344
La Source	348
Jeanne et Madeleine	352
Les Deux Filles de Dieu	355
Violante	359
Les Larmes de Jacqueline aux cheveux d'or	334
Le Rosier de la Morte	370
Souvenez-vous de moi	376

ÉPILOGUE.

L'Heure a sonné	379

FIN DE LA TABLE.

www.ingramcontent.com/pod-product-compliance
Lightning Source LLC
Chambersburg PA
CBHW050436170426
43201CB00008B/696